Jehan PICTAVIN

POITIERS

ses Monuments

son Histoire

POITIERS

Ses Monuments,

Son Histoire

Jehan PICTAVE

POITIERS

ses Monuments

son Histoire

POITIERS
IMPRIMERIE DU « COURRIER »
22, rue des Basses-Treilles
1909

POITIERS
A l'époque Gallo-Romaine

Conquête et organisation de la Gaule. — Principales cités gallo-romaines. — Limonum, métropole des Pictons. — Dolmen celtique de la Pierre-Levée.

De tous les pays conquis par Rome, la Gaule est celui que les vainqueurs s'assimilèrent le plus complètement.

Jules César, grâce à l'endurance et à la valeur de ses légionnaires, avait dompté la résistance de Vercingétorix, chef des Arvernes, de Dumnacus, chef des Andes, et de toutes les tribus gauloises, malheureusement affaiblies par l'esprit de rivalité et de discorde, qui est encore demeuré, jusqu'à nos jours, un des traits caractéristiques de leurs descendants.

Après César, Auguste organisa la conquête. L'Administration des proconsuls et des gouverneurs de province couronna l'œuvre des armes. Bientôt, la Gaule entière devint toute romaine.

D'ailleurs, les contrastes mêmes, qui distinguaient le génie gaulois et le génie romain, aidèrent merveilleusement à ce rapprochement des deux races, à cette pénétration intime de la Gaule par Rome, de même que les caractères individuels les plus opposés, en se complétant l'un par l'autre, forment très souvent les alliances les plus heureuses et les plus durables.

L'esprit de la Gaule était vif, alerte, aimable et léger, comme l'alouette que ses guerriers portaient sur le cimier de leur casque.

L'esprit de Rome, au contraire, était grave, mesuré, plein de prudence et de réflexion.

De cette diversité de nature résulta entre elles une affinité plus forte et plus grande.

La Gaule, il est vrai, perdit sa liberté politique et nationale. Mais, en échange de la liberté perdue, Rome lui apporta les Lettres, les Arts, la Science du Droit, la Civilisation, le Christianisme ! Ce qu'elle avait commencé par ses soldats et ses légions, elle l'acheva par ses littérateurs, ses artistes et ses apôtres.

A ce point de vue, la conquête romaine fut donc pour notre pays un réel et immense bienfait.

Au milieu du quatrième siècle, l'œuvre de transformation est accomplie. Les voies romaines sillonnent la Gaule en tous sens. Les lois de Rome et sa langue, ses théâtres et ses monnaies sont partout, de même que ses écoles fleurissent dans les principales cités gauloises, notamment à Trèves, à Reims, à Besançon, à Autun, à Lyon, à Vienne, à Arles, à Marseille, à Narbonne, à Toulouse, à Bordeaux, à Poitiers, où l'on enseigne tout ensemble la grammaire, les belles-lettres, la dialectique et la jurisprudence.

Bref, les cités de la Gaule sont devenues des cités gallo-romaines, c'est-à dire des cités, où les deux éléments nationaux, où les deux esprits, gaulois et romain, se sont fondus dans une harmonieuse unité.

Parmi les cités de cette sorte, une des plus illustres et des plus importantes, c'était la capitale des Pictons, dont le nom primitif était *Limonum*, nom qui fut changé, vers la fin du troisième siècle, en celui de *Civitas Pictonum* ou simplement *Pictavis* (1).

Nous avons un témoin indéniable de la haute antiquité de Limonum : c'est le vieux monument celtique, connu sous le nom de *Pierre-Levée*, et situé à l'est de la ville, au sommet du plateau que traverse la grand'route de Poitiers à Bourges.

Cette grosse roche, « ayant, dit Ra-

---

(1) B. Ledain : *Epigraphie Romaine du Poitou*, dans les Mém. des Antiquaires de l'Ouest, 1886.

belais, douze toises en quarré, et d'épaisseur quatorze pans », était primitivement portée sur quatre piliers ou pierres verticales. C'était donc un *dolmen*.

On ignore à quelle époque précise ce dolmen cessa d'être d'aplomb, par suite de la rupture de deux piliers, et reçut la position inclinée qu'il a maintenant.

Mais ce fut certainement après le seizième siècle, puisque, à cette date, l'auteur de *Gargantua* et de *Pantagruel*, qui la vit en place, nous dit qu'elle était mise « sus quatre pilliers, au milieu d'un champ, bien à son aise », et que « les escholiers de l'Université de Poitiers ne savaient autre chose faire, que passer leur temps à monter sur ladicte pierre, et là bancqueter à force flacons, jambons et pastés, et escrire leurs noms dessus, avec ung couteau ».

Cependant, avant de servir aux fantaisies et divertissements des étudiants de Poitiers, quelle était, à l'origine, la destination de ce dolmen? Etait-ce un autel grossier sur lequel les druides immolaient jadis des victimes humaines, ou n'était ce pas plutôt la pierre commémorative d'une sépulture, d'un traité d'alliance entre deux tribus voisines, ou de quelque autre événement historique?

Toutes ces opinions ont été émises par les archéologues.

Toujours est-il que l'existence de cette table celtique près des murs de Limonum atteste la haute antiquité de la capitale du Poitou.

Duratius et Dumnacus. — Topographie de la capitale pictonne. — Premières invasions des barbares. — Construction d'une enceinte fortifiée. — Le réseau des voies romaines.

A l'époque gauloise, vers le milieu du dernier siècle avant notre ère, « les Pictons envoyèrent un corps de 8000 hommes au secours d'Alésia, défendue par Vercingétorix. Mais, après la chute de cette place, leur chef Duratius se rallia au parti des envahisseurs. César, pour reconnaître ses services, lui accorda le droit de battre monnaie. Plusieurs quinaires d'argent, portant au droit le nom de DVRAT et au revers celui de IVLIOS, ont été trouvés à Bonneuil, près Chauvigny, et à Vernon » (1).

Contrairement au chef picton, le chef

---

(1) A. de la Bouralière : *Guide Archéol, du Congrès de Poitiers*, 1903. Voir aussi les *Mémoires* et *Bulletins des Antiquaires de l'Ouest*.

angevin Dumnacus, après la défaite de Vercingétorix, tenta de résister encore, et vint assiéger Limonum. Mais attaqué par Fabius, lieutenant de César, il dut lever le siège, et son armée fut écrasée, près des bords de la Loire, vers les Ponts-de-Cé. Quant à lui, il échappa au désastre et gagna l'Armorique.

Bâtie sur une espèce de promontoire, en forme d'amande, et dont la ligne de faîte atteint environ quarante mètres d'altitude ; entourée de toutes parts, excepté au midi, par des vallées profondes, et par deux rivières, le Clain à l'est, la Boivre à l'ouest, qui se rejoignent au nord, en angle aigu ; rattachée à la plaine, du côté du sud, par une étroite langue de terre, la vieille Cité Pictonne était déjà fortifiée par la nature elle-même.

Au temps des Gaulois, c'était un *oppidum*, que défendait, contre les incursions des hordes rivales, un simple amas de terre et de pieux enfoncés dans le sol.

Mais, à cette muraille relativement fragile, succéda, dans la cité gallo-romaine, une muraille de pierre et de ciment, plus propre à résister aux attaques de l'ennemi.

Fidèles à leur système habituel de

défense et de prise de possession, les vainqueurs clôturèrent l'oppidum gaulois d'une solide enceinte polygonale, qui en fit un des boulevards de la puissance romaine et un des municipes les mieux en sûreté de toute la Gaule Aquitanique.

Toutefois, vers le déclin du troisième siècle, les terribles invasions des hordes barbares passèrent sur Poitiers, comme un torrent dévastateur, et en firent presque un monceau de ruines. De là vient qu'il n'est guère possible de pratiquer des fouilles dans le sous-sol, sans y trouver, gisant sous une couche de cendres, des débris romains de toute sorte qui rappellent les incendies allumés par les farouches conquérants.

Après le passage des barbares, les habitants de Poitiers, remis de leur épouvante, songèrent alors à se mettre à l'abri d'un nouveau désastre, et entourèrent la cité d'une épaisse muraille dans laquelle ils firent entrer les matériaux des riches monuments qui avaient été détruits.

Cette enceinte, où se rencontrent assez souvent des vestiges de colonnes, de chapiteaux, de pierres sculptées, est encore visible sur plusieurs points, notamment dans le jardin du Palais-de-Justice, dans les caves du couvent des

Hospitalières, et dans celles de quelques maisons des rues de la Regratterie, des Flageolles, du Pigeon-Blanc, et des Carolus (1).

C'est de cette même enceinte que proviennent plusieurs cippes, ornés d'inscriptions, et conservés aujourd'hui dans la galerie lapidaire des Antiquaires de l'Ouest : par exemple, le grand cippe en l'honneur de l'aruspice Fabius Sabinus, trouvé en 1840 dans le jardin des Filles-de-la-Croix, rue des Gaillards; le grand cippe à la mémoire de Julia Maximilla, trouvé, en 1871, rue du Pigeon-Blanc ; et un autre cippe, représentant un homme drapé dans une niche entre deux pilastres, et découvert en 1868, rue du Lycée, lors des nouvelles constructions du collège universitaire (2).

L'enceinte fortifiée dont il s'agit avait jusqu'à 6 mètres d'épaisseur et 2600 mètres de circonférence. Aussi Ammien Marcellin, auteur latin du IVe siècle, donne-t-il à Poitiers le quatrième rang parmi les grandes cités de la province d'Aquitaine.

La ceinture murale de la cité romano-pictonne ne s'ouvrait çà et là que

---

(1) A. de la Bouralière : *Guide archéol.*
(2) B. Ledain : *Epigraphie Rom. du Poitou.*

pour livrer passage aux grandes voies de communication qui mettaient la métropole du Poitou en rapport direct avec les municipes les plus populeux de la région environnante.

De Poitiers à Bourges, à Tours, à Nantes, à Saintes, à Périgueux, à Limoges, ces routes nombreuses rayonnaient de tous côtés, et formaient autour de la ville un immense réseau dont les lignes s'étendaient au loin sur les provinces limitrophes.

Dans toute leur longueur, elles étaient pavées de larges dalles ou de pierres brutes. On en voit un tronçon, aisément reconnaissable, à gauche de la voie ferrée, en arrivant à la station de Mignaloux-Nouaillé.

Colonnes milliaires. — Inscriptions dont elles étaient ornées. — Magnificence du Poitiers gallo-romain. — Son colossal amphithéâtre.

D'intervalle en intervalle, les voies romaines étaient bordées de colonnes milliaires, sur lesquelles on lisait, en grandes lettres onciales, l'indication de la distance et le nom du César sous le

1.

règne duquel lesdites colonnes avaient été posées.

C'était, par exemple, le nom des empereurs Nerva, Trajan, Adrien, Antonin le Pieux, Marc-Aurèle, Commode, Septime-Sévère, Dèce, Constance, Galère et Constantin.

Au nom des empereurs étaient ajoutés des titres glorieux et emphatiques, dont voici une reproduction :

IMP. CAESAR. DIVI. HA
DRIANI. FIL. DIVI. TRA
IANI. PARTHICI. NE
POS. DIVI. NERVAE. PRO
NEP. T. AEL. HADRIA
NVS. ANTONINVS.
AVG. PIVS. P. M. TR. P.
P. P.
LIM.   FIN.
IX   VII

Cette colonne milliaire, découverte dans l'ancien cimetière de Cenon, près Châtellerault, en 1786, a été transportée dans le parc du château du Fou, commune de Vouneuil-sur-Vienne, où elle se trouve encore.

Plusieurs autres, avec inscriptions analogues, font partie de la collection des Antiquaires de l'Ouest.

Voici la lecture détaillée de l'inscription que nous venons de transcrire plus haut :

Imperator Cæsar, divi Hadriani filius, divi Trajani Parthici nepos, divi Nervæ pronepos, Titus Ælius Hadrianus Antoninus, Augustus, Pius, Pontifex Maximus, tribunitia potestate, Pater Patriæ.
— *Limonum, IX. Fines, VII.*

Traduction :

Cesar imperator, fils (adoptif) *du divin Hadrien, petit-fils* (id.) *du divin Trajan vainqueur des Parthes, arrière-petit-fils* (id.) *du divin Nerva, Titus Ælius Hadrien Antonin, Auguste, Pieux, Souverain Pontife, par la puissance tribunitienne, Père de la Patrie.*

Quant aux chiffres qui suivent, le premier indiquait la distance en lieues depuis la borne milliaire jusqu'à Limonum ; le second, depuis la borne milliaire jusqu'aux limites de la province.

Sur ces voies établies par les Césars romains, circulaient journellement les escadrons de cavaliers, les compagnies de légionnaires, les chars légers des patriciens de la Gaule impériale, ou les lourds chariots plébéiens qui transportaient d'une contrée à l'autre les produits agricoles du pays.

Le réseau des voies romaines était donc tout à la fois **un instrument de** domination, d'ordre public, et de richesse commerciale.

Dans l'enceinte de la ville et hors de l'enceinte, on vit s'élever des temples, des palais, des thermes, des arènes, des aqueducs, des villas, des autels commémoratifs, des cippes funèbres, en un mot, toutes les œuvres merveilleuses qui caractérisent la grandeur et la magnificence de la civilisation romaine.

Quand on évoque par la pensée tous ces édifices multiples et divers, quand on les revoit en imagination, sous les feux éblouissants d'une aurore ensoleillée, c'est alors qu'on arrive à concevoir ce que devait être la splendeur d'une cité gallo-romaine.

Voyez-vous, dans la direction du Midi, sur le point culminant des terrains qui entourent les remparts, cette énorme construction elliptique, dont les arcades superposées s'élèvent à 27 mètres de hauteur, et à travers lesquelles les rayons du soleil levant produisent d'admirables alternances de lumière et d'ombre ?

Ce colosse, c'est l'amphithéâtre, frère plus jeune et plus petit que le Colisée romain mais encore de proportions gigantesques (1).

---

(1) Voir au Musée des Augustins de la Société des Antiquaires, une gravure emprun-

Mesurant 155 mètres de grand axe, sur 130 mètres de petit axe, avec soixante gradins de pierre circulant tout autour de l'arène, il est capable de contenir jusqu'à 40.000 spectateurs.

Outre l'entrée septentrionale, à laquelle correspond, dans le prolongement du grand axe, l'entrée méridionale, ses épaisses murailles sont percées de cent vingt-quatre vomitoires, portes voûtées en arceau, et assez larges pour permettre à une multitude de quarante milliers d'hommes de se placer ou de sortir en moins de deux minutes.

En 1857, une compagnie de spéculateurs se forma pour l'exploitation de l'emplacement occupé par ce magnifique amphithéâtre, et, malgré les efforts de la Société des Antiquaires de l'Ouest, en fit disparaître les imposantes ruines, afin de bâtir à la place un vulgaire marché. C'est le marché Saint-Hilaire,

---

tée à l'ouvrage : *Topographie Française*, par Claude Chastillon, Paris, 1641. Cette gravure a pour titre : *Les vestiges et ruines du grand et magnifique amphitéastre construict par les antiques au plus hault et esminent lieu de la ville de Poitiers.* — La construction de cet immense édifice était attribuée à l'empereur Gallien, et appartenait, par suite, au milieu du IIIe siècle.

qui borde la rue Magenta, et qui occupe à peu près le centre de l'arène. Il ne reste plus du monument romain que quelques amorces de voûtes noyées dans les constructions de la petite rue Bourcani (1).

Ce qui se passait aux arènes. — L'hypogée des Dunes. — Sa découverte. — Sa destination.— Le temple de Mercure. — Le culte et la statue de Minerve.

C'est au sein de cet antique colosse de pierre, que la société païenne, avec un fébrile enthousiasme, s'assemblait aux jours de grande festivité, pour célébrer les victoires de l'empire ou l'avènement de quelque nouveau César, soit par les jeux du cirque, soit par des combats de gladiateurs.

Quelquefois ces gladiateurs sont de pauvres esclaves, que l'on oblige à se transpercer les uns les autres, pour le plaisir d'une foule avide d'émotions violentes et désireuse d'aspirer l'âcre odeur du sang répandu.

Quelquefois ce sont de vaillants chrétiens, qui ont refusé de prendre part

---

(1) A. de la Bouralière : *Guide archéol.*

aux sacrifices offerts sur les autels des idoles, et qui, pour cela, sont jetés en pâture aux bêtes.

Peut-être avons-nous ainsi l'explication de l'hypogée ou sanctuaire souterrain, qui fut consacré, non loin du dolmen celtique de la Pierre-Levée, à la mémoire de soixante-douze martyrs, hypogée dont la découverte est due à notre savant archéologue poitevin, le P. de la Croix.

Cette crypte était voisine d'une nécropole romano-gauloise, où l'illustre antiquaire rencontra plus de 300 sépultures appartenant à l'époque païenne.

Puis, continuant le cours de ses explorations, il découvrit, non loin de là, dans un champ que la tradition orale appelle encore Champ-des-Martyrs, d'autres sépultures, mais celles-ci d'origine chrétienne, et, au milieu de cette seconde nécropole, une construction souterraine, qui renfermait un autel, des châsses, des sarcophages, des ossements humains, des sculptures, des peintures, et des inscriptions.

De ces inscriptions, il résulte que cette cavité était un hypogée-martyrium, construit au VIIe siècle, par un prêtre nommé Mellebaude, afin d'honorer les restes des martyrs inhumés en ce lieu.

En 1908, l'administration des Monuments Historiques a fait élever, pour mettre à couvert cet antique sanctuaire chrétien, un petit édifice rectangulaire, à toiture rouge formée de deux plans inclinés.

Grâce au P. de la Croix, les moulages des bas-reliefs et des inscriptions mérovingiennes qui décoraient les murs de l'hypogée primitif sont venus enrichir les collections des Antiquaires de l'Ouest.

Ce fut aussi l'éminent archéologue qui découvrit, à l'ouest de Poitiers, sur la colline de la Roche, les vestiges d'un temple dédié à Mercure, qui a fourni au Musée des Antiquaires un beau vase votif d'une seule feuille de cuivre, provenant de ce sanctuaire païen.

Avec le temple de Mercure situé hors des remparts, il y avait sans doute, à l'intérieur de la ville, et peut-être à la place même de l'église Notre-Dame, qui repose sur de vieilles substructions romaines, il y avait, disons-nous, un temple dédié à Minerve, comme semble bien le démontrer l'intéressante découverte d'une statue de la déesse, qui se fit il y a peu d'années.

Cette découverte eut lieu sur le versant ouest de la ville, en la cour d'une école de jeunes filles, ancien jardin de l'hôtel des Lusignan à Poitiers, au bas de la rue du Moulin-à-Vent, qui devrait maintenant s'appeler plutôt rue de Minerve.

Le lundi 20 janvier 1902, un terrassier creusait le sol, dans ladite cour, préparant des fosses destinées à une plantation d'arbres.

Tout à coup, sa pioche rencontre un bloc de marbre sculpté, qu'il prend d'abord, en sa stupéfaction, pour un cadavre. Or c'était une superbe statue de Minerve, enfouie sous terre depuis l'époque de la première invasion des barbares, c'est-à-dire depuis plus de seize siècles.

A cette nouvelle, tout Poitiers exulta. Notables, archéologues, amis des arts, se rendirent en grand nombre sur le lieu de la découverte, et furent émerveillés. Il y eut même quelqu'un, antiquaire dans l'âme, qui pleura d'émotion. Nous l'avons vu qui nous parlait, les larmes aux yeux. Oh ! le culte des vieilles choses !

Toutefois, la statue était maculée par la couche de sable rougeâtre, où elle gisait depuis si longtemps, et mutilée en quelques parties. La tête était séparée du tronc, et les deux avant-bras disloqués. Fort heureusement, la tête et l'avant-bras gauche furent retrouvés dans le voisinage de la statue. Seule une partie du bras droit n'a pas été mise à jour.

On transporta avec soin ces précieux restes au Musée de l'Hôtel de Ville, on remit en place les fragments retrouvés. De l'antique poussière qui le souillait, on nettoya le vieux marbre ; et, maintenant, au milieu de la plus belle salle du Musée, à la place d'honneur, sur un piédestal archéologique, la déesse apparaît majestueuse, aux regards des Poitevins et des visiteurs de toute la France, en sa blancheur marmoréenne, dans une imposante attitude hiératique, casque en tête, deux épais bandeaux de cheveux encadrant les tempes, une égide retombant sur les épaules, derrière la nuque une lourde tresse ou catogan, autour du buste un collier de serpents, et. pour agrafe de collier. une figure de Gorgone. Un large peplum l'enveloppe jusqu'au-dessus des genoux, et un autre, plus mince, descend jusqu'aux pieds.

« La déesse a le type grec très pur, les lèvres assez fortes, ainsi que le menton, les yeux grands ouverts. Sa physionomie respire le calme. L'ensemble du corps, aux formes peu accentuées, donne bien l'idée de la vierge, de la jeune fille, qui est une des conceptions de la Minerve grecque » (1).

Telle est l'admirable Minerve poitevine.

La curieuse trouvaille de cette divinité mythologique nous donne évidemment le droit de supposer que celle qui était considérée comme la protectrice des cités, comme la déesse de la sagesse, de la paix et des arts, était jadis le palladium du Poitiers gallo-romain, et qu'elle y recevait un culte pieux (2).

Il est à croire que ce sont quelques-uns de ses fidèles sectateurs qui, pour la soustraire aux profanations et aux ravages des Bagaudes, l'ensevelirent à la hâte, vers la fin du troisième siècle, dans les entrailles du sol poitevin.

Les thermes poitevins. — Les ruines de Sanxay. — Le balnéaire. — Le théâtre. — Le temple.

Parmi les témoignages de l'époque gallo-romaine, il faut encore citer les thermes publics, que découvrit, en 1877, le P. de la Croix, aux abords de l'an-

---

(1) Alfred Richard, archiviste de la Vienne : *Bull. des Antiq. de l'Ouest*, 1ᵉʳ trim. 1902.

(2) Hild, doyen de la Faculté des Lettres : *Même Bulletin*.

cienne église de Saint-Germain, dans les terrains situés à l'angle de la rue de ce nom et de celle de la Bretonnerie.

« Les fouilles firent reconnaître de vastes bâtiments d'une longueur de 65 mètres, contenant trois salles qui étaient chauffées chacune par un hypocauste. Elles amenèrent aussi la découverte de deux bassins et des conduites d'eau qui les desservaient. La décoration des bâtiments devait être somptueuse, à en juger par les marbres, les chapiteaux sculptés, les fresques, les mosaïques, qui furent recueillis dans les décombres. Toutes ces constructions avaient été profondément enterrées, à ce point qu'elles étaient engagées en partie sous l'église de Saint-Germain » (1).

Enfin, c'est au même antiquaire, le P. de la Croix, que sont dues la découverte et l'exhumation des célèbres ruines de Sanxay, à quelques lieues au sud-ouest de Poitiers.

Qu'était-ce que Sanxay ? était-ce une ville assez considérable ? était-ce simplement, pour les populations de la contrée, un centre d'attractions, un lieu d'assemblées périodiques, où des plaisirs

---

(I) A. de la Bouralière : *Guide Archéol.*

variés étaient offerts à ceux qui s'y rendaient.

La question n'a pas été définitivement résolue.

Quoi qu'il en soit, il est certain qu'il y avait là un remarquable groupe de monuments : temple précédé d'une double colonnade ; balnéaire où s'étalait tout le raffinement de la sensualité romaine, salles de bain froid, de bain tiède et de bain chaud, avec hypocauste pour élever la température ou l'attiédir convenablement ; vastes hôtelleries ; et, à peu de distance, sur l'autre bord du charmant petit cours d'eau appelé la Vonne, théâtre demi-circulaire, aux gradins taillés dans le roc et adossés à la colline, avec encadrement de touffes d'arbres et de prairies verdoyantes.

C'était un séjour enchanteur.

Comme tous les théâtres antiques, celui de Sanxay avait ceci de particulier, qu'il était à ciel ouvert.

Les jours de représentation, on déployait, afin d'abriter les spectateurs contre les rayons du soleil, un immense velarium. De la sorte, une lumière douce, tamisée, éclairait toutes les parties de l'édifice, et les yeux pouvaient se porter à loisir d'une extrémité jusqu'à l'autre.

Dès que les portes s'ouvraient, les

femmes, parées de bijoux, du peplum de soie et de riches étoffes, se plaçaient au premier rang, tout près de la scène, non seulement pour voir, mais pour être vues.

Plus haut, venaient les patriciens, les chevaliers, les fonctionnaires, et, au sommet, sur les gradins supérieurs, s'entassait la plèbe.

Tout d'abord, on crie, on trépigne, on se dispute les meilleures places : c'est un tapage assourdissant.

Mais voici que les joueurs de flûte se font entendre. Aussitôt, silence parfait.

Sur la scène, paraissent les acteurs, portant tous des masques et des costumes appropriés à leur rôle ; ou bien, pour amuser cette foule à la fois raffinée et barbare, ce sont des gladiateurs, demi-nus, qui vont lutter entre eux, ce sont de malheureux esclaves qu'on va mettre aux prises avec des fauves, et dont les corps, déchirés, sanglants, tomberont sur l'arène aux applaudissements de la multitude.

Quant au temple de Sanxay, comme tous les temples du paganisme, il était de dimensions peu étendues.

Sous une étroite coupole, supportée par une colonnade de marbre précieux, se dressait la statue de quelque divinité, et, par devant la statue, une pierre d'autel de forme cubique, pour l'offrande des libations, de l'encens parfumé, des couronnes de fleurs. Autour de cet édicule, l'atrium ou le parvis, d'où les adorateurs assistaient aux rites sacrificatoires.

Rien, dans les temples païens, qui rappelât la vaste basilique chrétienne, capable de contenir une nombreuse assemblée.

Le Christianisme fut tout de suite une religion populaire, celle des humbles et des miséreux, celle de tous les infortunés que le paganisme écartait par son orgueilleux mépris.

Jamais, dans les temples païens, ne se fit entendre cette consolante parole : « Venez à moi, vous qui souffrez ! » De là, leurs étroites proportions, très significatives.

Au contraire, dans les temples chrétiens, les pauvres gens, comme les heureux de ce monde, tous étaient appelés à former sous le regard de Dieu un même peuple de frères.

Les aqueducs. — Les Arcs de Parigny. — Légionnaire romain. — Arc-de-Triomphe. — Le forum vers l'an 350.

Mais quittons Sanxay, et retournons vers les murs de Poitiers.

En approchant de la porte méridionale, nous apercevons à notre droite, sur le versant d'un coteau, une longue suite de hautes arcades, qui découpent l'horizon et qui déroulent au-dessus d'une riante vallée leurs lignes harmonieuses.

Manifestement, nous sommes en présence d'un aqueduc, magnifique œuvre d'art et d'industrie, qui amène jusqu'à Poitiers, par une canalisation, tantôt aérienne, tantôt souterraine, les eaux fraîches, limpides et abondantes, d'une source captée à plus de vingt milles de là.

Sur d'autres points encore, d'autres aqueducs suppriment pour ainsi dire la distance, entre Poitiers et les sources d'alentour.

Un de ces aqueducs, le plus considérable, allait chercher les eaux de la source de Fleury, à vingt-cinq kilomètres. Un autre allait chercher les eaux de Fontaine-le-Comte et de la Reinière, à douze kilomètres.

Les établissements hydrauliques des Romains fournissaient à l'antique Limonum une moyenne de 15,000 mètres cubes d'eau par jour (1).

De l'aqueduc de Fontaine-le-Comte, à gauche de la route de Poitiers à Ligugé, sur le bord de la belle vallée du Clain, on voit encore trois arcades, tapissées de lierre, qu'on appelle les Arcs de Parigny, et à travers lesquelles, comme à travers la jumelle d'un grand stéréoscope, on aperçoit dans le lointain le pittoresque relief des monuments de Poitiers.

Nous entrons en ville, après avoir jeté, au soldat romain qui monte la garde, le mot de passe.

A ce mot, le factionnaire, en tunique et casqué, redresse sa pique, dont la hampe porte à son sommet, sur une plaque de cuivre, le monogramme fameux qui résume toute la majesté du Sénat et du Peuple Romain : S P Q R (*Senatus Populus-Que Romanus*).

Dirigeons-nous maintenant vers le point central de la cité.

---

(1) *Mém. des Antiq. de l'Ouest*, 1854 : Notice sur les aqueducs romains de Poitiers, par M. Duffaud, ingénieur en chef de la Vienne.

Nous côtoyons d'abord les murs du colossal amphithéâtre, dont nous avons parlé précédemment.

Un peu au-delà, nous passons sous un arc de triomphe, dont la courbe grandiose nous fait lever la tête avec étonnement.

Il y a environ dix ans, en démolissant de vieilles maisons à l'angle de la rue Magenta et de la rue du Lycée, on a trouvé dans les fondations quelques fragments d'arcature et de statues. C'est pourquoi nous supposons en cet endroit, à l'époque gallo-romaine, l'existence d'un arc triomphal.

Après l'avoir franchi, nous arrivons sur la place du forum.

C'est là que se réunissent chaque jour les oisifs, les rhéteurs, les citoyens de toute catégorie, pour s'entretenir des affaires publiques et des dernières nouvelles.

Chez tout peuple civilisé, l'âme humaine est naturellement inquiète et curieuse de savoir ce qui a rapport aux choses de la vie sociale.

Le forum des Gallo-Romains, de même que l'agora des Grecs, répondait à cet invincible besoin.

Or, vers le milieu du quatrième siècle, le sujet de toutes les conversations, sur la place publique, dans les maisons privées, partout, ce sont les progrès du Christianisme et l'abandon du vieux culte des idoles.

Le collège des aruspices ne cesse de se plaindre que les temples deviennent déserts, tandis que la petite église chrétienne voit s'accroître de jour en jour le nombre de ses fidèles.

Sous l'influence grandissante du Christianisme, les jeux de l'amphithéâtre sont délaissés, et la foule elle-même ne veut plus qu'on y fasse couler le sang des belluaires ni des esclaves.

Tous les hommes ne sont-ils pas frères devant Dieu, et n'ont-ils pas droit au respect de la vie, à la liberté ?...

Grâce aux idées chrétiennes, les mœurs s'adoucissent et se purifient. Le vieux monde s'en va : c'est un monde nouveau qui se lève !...

Ne dit-on pas, de plus, qu'un jeune homme de grande famille, aussi distingué par le talent que par les qualités morales, orateur, poète, et versé dans toutes les connaissances de son temps, s'est décidé à recevoir le baptême ?

Telles sont quelques-unes des questions qui s'agitent entre les promeneurs, sur le forum gallo-romain de Poitiers.

Les écoles. — Description d'une maison romaine. — Le Capitole poitevin.

A côté du forum, voici les chaires et les écoles, où des maîtres savants enseignent à la jeunesse romaine et gauloise, les lettres, le droit, la philosophie, les sciences, et inaugurent déjà, pour la capitale des Pictons, cette haute renommée éducatrice et littéraire, qui lui vaudra d'être appelée un jour l'Athènes de l'Ouest.

Plus loin, ce sont d'élégantes demeures, ornées de statues, de moulures, de colonnes de marbre, et sur le seuil desquelles se lit, en mosaïque, cette salutation bienveillante, adressée à tout venant : SALVE.

Pénétrons dans l'une de ces riches habitations.

Voici d'abord l'*atrium*. C'est une cour, entourée d'un portique couvert et au centre de laquelle se trouve un bassin alimenté par les eaux de pluie.

Après l'*atrium*, s'étend une grande pièce, appelée *tablinum*, qui sert à la fois de galerie pour les tableaux de famille, de bibliothèque pour les archives, et de salle d'audience où le maître de maison reçoit ses clients.

Le *tablinum* est ordinairement fermé, au fond, par une large draperie, que nous écartons de la main pour entrer dans le *péristyle*.

Le *péristyle* est la partie privée de la maison, l'habitation particulière de la famille. Il se compose d'un jardin, autour duquel se développe une colonnade, donnant accès aux *cubicula* ou chambres à coucher, au *triclinium* ou salle à manger, et à l'*exedra* ou salon, qui fait face au *tablinum* et est placé au fond du péristyle.

Dans le *triclinium*, où l'on mange à demi-étendu, trois lits sont disposés, de manière à former les trois côtés d'un carré, avec un quatrième côté ouvert, pour permettre aux serviteurs d'apporter sur la table les plateaux chargés de mets et d'accomplir tout ce qui est de leur service.

Telle est l'ordonnance intérieure d'une maison romaine.

Plusieurs de ces opulentes maisons, disposées comme une avenue royale, conduisent à un monument fastueux, d'architecture corinthienne : c'est le Capitole, siège du gouvernement consulaire de la province et de la curie ou suprême magistrature.

Selon de grandes probabilités, ce Capitole, sorte de citadelle, existait là où se trouve actuellement le Palais-de-Justice, ancien Palais des Comtes du Poitou.

Si l'on considère, en effet, les murs romains qui forment le soubassement dudit Palais, à l'ouest et au sud, et si l'on considère, d'autre part, que le niveau de la grande salle des Pas-Perdus est supérieur de six ou sept mètres à celui des rues adjacentes, on est légitimement induit à croire que cette différence de niveau n'est pas une élévation factice, que les architectes du xii° siècle ont créée eux-mêmes de toute pièce, mais qu'elle recèle sans doute les fondations d'un monument capitolin, que les architectes du moyen-âge ont dû naturellement utiliser.

Au temps de la domination romaine, c'est là que la justice est rendue, selon les principes du droit civil. C'est là que la souveraine autorité exerce sa puissance. C'est là aussi que la tourbe des faméliques vient recevoir, chaque matin, la sportule ou corbeille de vivres, que l'administration impériale prélève sur les riches, comme la rançon de leur fortune : **tant il y a de misères, sous les** brillants dehors de cette société élégante et polie, mais profondément inégale !

Premier temple chrétien. — Monument de Claudia Varenilla. — Baptistère Saint-Jean.

Du Capitole, on arrive, en dévalant vers la rivière du Clain, au premier temple par lequel le Christianisme prit possession de la région poitevine.

D'après une tradition respectable, ce fut l'apôtre saint Martial qui, sur la fin du premier siècle de notre ère, en traça lui-même le plan, du bout de son bâton de voyageur, et le dédia à la mémoire de saint Pierre, le jour même où il apprenait, par une divine inspiration, le glorieux martyre du Prince des apôtres.

Vers l'an 350, ce premier temple chrétien était encore de modeste apparence, éclipsé d'ailleurs par le voisinage d'un autre temple, d'origine païenne selon les uns, d'origine chrétienne selon les autres, mais qui est certainement une des œuvres les plus curieuses qui nous soient restées de l'art gallo-romain.

Parmi les érudits, ceux qui attribuent à cette construction une origine païenne y voient un monument funéraire, bâti au deuxième ou au troisième siècle, en souvenir de Claudia Varenilla, fille du consul de la province, Claudius Varenus, et femme du propréteur Marius Censorius Pavius. Ils pensent que c'était là un mausolée, qui avait, primitivement, pour linteau de porte, le superbe bloc rectangulaire en marbre blanc, de 2 m. 34 de longueur sur 0 m. 57 de largeur, qui porte en beaux caractères romains une pompeuse dédicace à Claudia Varenilla, et qui fait aujourd'hui la richesse et l'orgueil du Musée lapidaire des Antiquaires Poitevins (passage de la rue des Grandes-Ecoles à la rue Gambetta).

Ceux qui attribuent à ce même monument une origine chrétienne s'appuient sur les signes chrétiens qui le décorent, tels que le poisson symbolique de quelques chapiteaux, et la croix incrustée sur les frontons nord et sud.

La vérité est peut-être dans l'accord des deux opinions. Il paraît assez probable, en effet, que ce fut tout d'abord un mausolée païen, celui de Varenilla ; puisque ce mausolée fut, à diverses reprises, l'objet d'additions et de remaniements, surtout dans les parties supérieures, afin d'être transformé en baptistère chrétien, appelé depuis lors, et pour cette raison, *Temple Saint-Jean*.

Mais le P. de la Croix, à la suite des fouilles récentes qu'il a pratiquées autour de cet édifice, en a conclu, et ses conclusions semblent décisives, que ce fut originairement un édifice chrétien, avec piscine octogonale, destinée au baptême par immersion, et salles de vestiaires à l'usage des nouveaux baptisés.

Toujours est-il que le caractère romain de sa construction, à part le narthex et le campanile qui furent ajoutés au xie ou au xiie siècle, est incontestable. On peut aisément s'en convaincre, en voyant son appareil extérieur, composé de lignes alternées de petites pierres rectangulaires et de briques.

Or il est permis de conjecturer que sa transformation ou sa construction initiale en baptistère eut lieu, dès que l'empire se christianisa avec Constantin, c'est-à-dire dès la première moitié du quatrième siècle.

Un jeune patricien. — Son état d'âme. Son baptême

C'est là, par conséquent, que dut naître à la vie chrétienne, vers l'an 350, un jeune gallo-romain, que le ciel appelait à de hautes destinées.

La longue toge, avec chlamyde de

pourpre, dont il était habituellement revêtu, attestait sa haute naissance. Il était, en effet, de famille patricienne et sénatoriale. Il avait pour père un des premiers citoyens de la province, qui se nommait Francarius, et, pour mère, une femme noble, dont l'histoire ne nous a pas conservé le nom.

Né à une époque de transition, il avait grandi au milieu des usages et des croyances de la religion mythologique de Rome et de la religion druidique de la Gaule. Car le druidisme n'était pas encore éteint dans ces régions de l'Aquitaine, où le peuple continuait de recueillir avec vénération les branches du gui sacré, de se rendre en pèlerinage aux monuments celtiques, et de croire aux fées, aux gnomes, aux bons ou aux mauvais génies, qui étaient préposés à la garde des rivières et des forêts, des collines et des vallées.

Doué d'une intelligence peu commune, le jeune patricien avait suivi avec plein succès les doctes leçons des éminents professeurs de la cité pictonne, et s'était rapidement initié à la connaissance de la littérature et de la philosophie antiques.

Cependant, pour complaire à ses parents encore païens, assistait-il parfois aux jeux sanglants de l'amphithéâtre ou aux cérémonies idolâtriques de Minerve, ce n'était qu'avec un extrême dégoût.

A voir sa physionomie calme et douce, mais empreinte de gravité triste, on sentait bien qu'il était là en qualité de spectateur, nullement en adepte des faux dieux.

C'était une de ces âmes naturellement chrétiennes, que les fêtes et les rites du paganisme étaient impuissants à satisfaire, parce que tout cela ne lui offrait que de vaines fictions.

Bientôt l'inquiétant problème de la destinée humaine se dressa devant les yeux de sa raison attentive et studieuse.

« Pourquoi suis-je ici-bas ? quel est le but de ma vie ? est-ce le repos dans la richesse et l'abondance ?

« Si ce sont là, se dit en lui-même le jeune philosophe, les avantages les plus appréciables de la vie, il faut en convenir, ces avantages sont peu éloignés des jouissances purement animales. Dans les ravins et les marais où elle vagabonde en liberté, la brute, satisfaite, trouve l'exemption de tout labeur et l'assouvissement de sa faim.

« Oui, si n'avoir rien à faire et être gorgé de tout, c'est ce qu'il faut regarder comme le meilleur et le plus complet emploi de la vie, cette condition sera commune, suivant la capacité de chaque espèce, et aux hommes et au vaste troupeau des animaux sans raison. Encore le sort des bêtes est-il préférable au nôtre, car la nature leur donne l'abondance de l'usage, sans le souci de la possession ».

Pourquoi donc la vie ? continue-t-il avec la même élévation de pensée et la même inquiétude de conscience.

Sur ce point capital, les réponses de la sagesse païenne ne lui donnent aucune satisfaction, et le laissent en proie à une incurable mélancolie.

Tel était son état d'âme, quand un jour les Livres Sacrés viennent à tomber entre ses mains.

Il les lit avec empressement, et, aussitôt, il y découvre la vérité qu'il cherchait : la vérité sur Dieu, sur l'origine de l'homme et du monde, la vérité sur l'âme, sur la vie future, sur les devoirs de la vie présente, en un mot, sur tous les grands problèmes dont la solution est seule capable de donner à l'intelligence la tranquillité et à la volonté un principe d'action.

Pour le jeune patricien, c'en est fait maintenant ! La lumière s'est montrée à ses yeux éblouis ; un jour nouveau, le beau jour de la foi chrétienne, s'est levé sur son existence. Il demande donc le baptême, et son âme, régénérée dans les eaux du Temple Saint-Jean, se transforme elle-même en temple du vrai Dieu.

Profession de foi. — Un grand évêque. — La cité d'Hilaire à travers les âges.

L'ardent néophyte embrasse dès lors avec enthousiasme la cause de la foi.

« Mon mal, s'écrie-t-il, si c'est un mal de croire, est un mal sans remède ! Mon erreur, si c'est une erreur de confesser le Dieu et le Christ de l'Evangile, est une erreur irréformable ! Mon âme s'est pénétrée, ma raison s'est imbibée de ces hautes doctrines : nul ne pourra m'en guérir !... Je puis mourir dans ma croyance, je n'en puis pas changer !... Tel mon baptême m'a fait, tel je suis et serai jusqu'à la mort ! »

On a déjà reconnu qui écrivait ces paroles de feu : c'était Hilaire, le plus illustre enfant de la race pictonne.

Bientôt, l'élection du peuple, en raison de sa grandeur d'âme et de ses vertus, le choisissait pour évêque. Et quand l'arianisme cherchera à se répandre dans les Gaules, Hilaire se lèvera, et le fera reculer. Avec autant d'intrépidité

que d'éloquence, Hilaire combattra pour
le dogme fondamental de la divinité de
Jésus-Christ, pour la défense et l'intégrité de la foi catholique. Et non seulement Hilaire luttera contre l'hérésie envahissante, mais aussi contre les vieilles
superstitions du paganisme et du druidisme.

Pour tout dire, avant que le quatrième siècle ait pris fin, la cité galloromaine de Poitiers, grâce à la vaillance et au génie d'Hilaire, sera devenue
l'une des plus chrétiennes de la Gaule :
titre d'honneur qu'avec fierté elle gardera dans les siècles futurs.

Plus tard, en effet, n'a-t-elle pas été la
cité près de laquelle Clovis triompha de
la puissance arienne, et Charles Martel
de l'invasion musulmane ?... la cité où
Radegonde implanta la vie religieuse,
et où Fortunat chanta si poétiquement
la Croix du Sauveur ?... la cité que
Marie elle-même, selon une charmante
légende, protégea contre les Anglais,
en prenant dans ses mains les clefs de
la porte de ville, qu'un traître avait promis de leur livrer ?... la cité où Jeanne
d'Arc vint faire constater par les docteurs sa mission patriotique et providentielle ?... la cité qui résista victorieusement aux assauts et aux boulets

de Coligny?... la cité dont les faubourgs furent évangélisés par la parole éloquente du hardi missionnaire qui s'appelait le P. de Montfort?... la cité près de laquelle apparut dans les airs, en traits de flamme, le signe miraculeux de la Croix?... la cité où le cardinal Pie, nouvel Hilaire, proclama pendant trente ans la vérité catholique?... la cité, enfin, où la foi, en dépit de tout, est encore vivante dans un grand nombre de cœurs?

C'est ainsi que la capitale du Poitou est demeurée, à travers les âges, toujours digne de ses nobles origines.

POITIERS

SES MONUMENTS & SON HISTOIRE

Par ses multiples monuments d'antique architecture, Poitiers, entre toutes les villes de France, est sans contredit l'une des plus intéressantes pour le touriste et l'archéologue.

Rien d'abord n'est plus pittoresque, que l'arrivée en gare, soit par la ligne de Paris, soit par la ligne de Bordeaux. On est tout de suite frappé d'une impression particulière, en voyant, d'un côté, la hauteur du plateau où la ville est perchée, et, de l'autre, les rochers grisâtres qui s'élancent presque à pic, avec quelques maisons blanches à leur faîte.

Mais c'est surtout par la ligne de Bordeaux que le spectacle est d'une esthétique peu ordinaire, quand, après avoir traversé la riante vallée du Clain, on s'engage sous le sombre tunnel de la Tranchée, pour déboucher brusquement dans la vallée de la Boivre, bordée de prairies, de jardins, de rochers, de monuments, et des vieux murs de l'enceinte féodale.

Quant à la ville elle-même, à part les

quartiers de la Préfecture, de la place d'Armes, et de Blossac, ses rues étroites et tortueuses, qui affichent la haine évidente de la symétrie, ses maisons aux angles saillants ou rentrés, ses toits bossués et biscornus, son air suranné et sa physionomie caractéristique, tout en fait comme une vision rétrospective du Moyen-Age. La ville entière est pour ainsi dire un Musée d'antiquités.

Une jeune et distinguée citoyenne du Nouveau-Monde, qui passa deux ans en notre vieille capitale du Poitou et ne pouvait pas ne pas observer le contraste absolu qu'elle présente avec les cités modernes, l'appelle spirituellement « un véritable joyau d'archéologie, délice des amateurs de vétusté »(1).

Aussi ne sommes-nous pas surpris qu'on lui ait donné place, dans la galerie des villes d'art célèbres, à côté de Dijon, Bourges, Nîmes, Toulouse, Gand, Bruges, Florence, et même Rome (2).

Pour répondre au désir qui nous a été exprimé, nous consacrerons quelques lignes, de jour en jour, à vulgariser la

---

(1) *Miss Howard* : Lettre à une amie, publiée dans un journal de Montréal (Canada), le 31 octobre 1908.

(2) *Les villes d'art célèbres* : Laurens, éditeur, Paris.

connaissance de ses principaux monuments.

Commençons par l'église Saint-Hilaire.

Saint-Hilaire-le-Grand

Après le Temple ou Baptistère Saint-Jean, où saint Hilaire, comme nous l'avons dit plus haut, dut recevoir le baptême, et où, probablement aussi, il baptisa son disciple saint Martin, la plus ancienne église de Poitiers est celle de Saint-Hilaire-le-Grand, située au sud-ouest de la ville, presque au bord du plateau escarpé qui domine la vallée de la Boivre et la ligne de la voie ferrée.

En cet endroit, dans la seconde moitié du IVe siècle, le vaillant évêque des Gaules, à son retour de Phrygie, éleva lui-même un modeste oratoire, qu'il dédia à deux généreux athlètes de la foi, nommés Jean et Paul, nobles jeunes gens récemment martyrisés à Rome par Julien l'apostat.

C'est dans cet oratoire qu'il ensevelit de ses mains le corps virginal de sa chère fille Abra, et qu'il déposa aussi les restes de celle qui, avant qu'il fût prêtre et évêque, avait été son épouse.

Selon son désir, à l'époque de sa mort, l'an 368, il fut inhumé en ce même lieu, près de la dépouille de sa femme et de sa fille.

Après la mort d'Hilaire, ses fidèles disciples se réunirent autour de son tombeau, y fondèrent une communauté monastique, qui se transforma plus tard en Chapitre collégial, et construisirent, à la place de l'oratoire primitif, détruit par les Vandales vers 407, une église qui porta désormais le nom du saint Pontife.

Cette église était assez splendide pour être munie d'une tour puissante, dont nous avons peut-être encore la base dans les premières assises du clocher actuel.

En 507, la veille de la célèbre bataille de Vouillé, où Clovis vainquit Alaric, chef des Wisigoths, le roi franc, au rapport de Grégoire de Tours, vit apparaître, au sommet de la basilique de Saint-Hilaire, un globe de feu qui se dirigeait vers lui, comme pour lui présager la victoire.

La situation de cette église en dehors de l'enceinte fortifiée lui fut plus d'une fois fatale. Reconstruite grâce aux libéralités de Clovis, elle fut brûlée par les Sarrasins, en 732, avant la défaite que leur infligea Charles Martel dans les plaines de Moussais-la-Bataille, au nord de Poitiers. Puis, de nouveau, elle fut brûlée et saccagée par les Normands, en 863 et en 865. Devant ces dévastations et ces terreurs sans cesse renaissantes, les religieux de Saint-Hilaire abandonnèrent le monastère, transportèrent avec eux le corps de leur saint patron, jusqu'à la ville du Puy-en-Velay. Il ne devait en revenir quelques fragments qu'en l'année 1657. Des différentes restaurations qui s'accomplirent jusqu'à l'an 1000, il ne s'est conservé jusqu'à nous que la base du clocher, enveloppée dans le plan du monument actuel, et qui sert aujourd'hui de sacristie (1).

Cette sacristie mérite d'être visitée pour ses colonnes trapues, ses chapiteaux archaïques, et ses arceaux de l'époque carolingienne ou peut-être mérovingienne.

Au commencement du XI° siècle, une princesse d'Angleterre, la reine Emma, mère d'Edouard-le-Confesseur, veuve d'Ethelred II, et qui ensuite épousa Canut-le-Grand (2), fit reconstruire en grande partie, sur les plans de l'architecte anglo-saxon, Walter Coorland, la basilique de Saint-Hilaire.

Cette basilique fut achevée par une

---

(1) A. de la Bouralière : *Guide Archéol.*
(2) Congrès Archéol. de 1903 : *Etude sur Saint-Hilaire de Poitiers*, par Lefèvre-Pontalis,

autre princesse, Agnès de Bourgogne, veuve de Guillaume-le-Grand, comte de Poitou, et solennellement consacrée le 1er novembre 1049, en présence de treize archevêques ou évêques.

« Alors, dit Mgr Pie, s'arrondirent ces voûtes hardies, ces coupoles nombreuses, qui donnèrent à Saint-Hilaire un caractère particulier. A l'extrémité de la nef principale, soutenue elle-même, de chaque côté, par trois nefs secondaires, on vit s'épanouir, avec ses chapelles élégantes, ce sanctuaire élancé et fleuri que nos manuscrits désignent du nom gracieux de *corolle* » (1).

« Les siècles qui suivirent cette reconstruction de Saint-Hilaire, dit encore l'éminent évêque de Poitiers, furent proprement ceux de sa gloire. Les Souverains Pontifes placent sous leur protection et leur juridiction immédiate son illustre Chapitre et l'enrichissent de leurs dons. De grands princes, d'augustes princesses, des monarques français et étrangers, viennent s'agenouiller sur les marches de son sanctuaire. Nos rois, après les comtes du Poitou et les ducs d'Aquitaine, tiennent à honneur d'en être regardés comme les premiers digni-

---

(1) *Lettre Pastorale* du 13 janvier 1859.

taires ; quelques-uns y viennent recevoir leurs insignes, en qualité d'abbés de la célèbre Collégiale, et l'on vit Henri IV et Louis XIV prendre place dans le chœur des chanoines, revêtus du surplis et de l'aumusse ».

Ce cérémonial d'investiture fut aussi pratiqué à l'égard de Charles VII, en 1453, d'Henri III, en 1577, et de Louis XIII, en 1614.

Richard Cœur-de-Lion, en sa qualité de comte du Poitou, fut également installé abbé de Saint-Hilaire. Mais, au lieu de recevoir le surplis et l'aumusse, il reçut en mains la lance et l'étendard.

Avant la venue d'Henri III et de ses successeurs, la basilique avait encore passé par de mauvais jours. En 1562, les bandes de protestants, qui avaient envahi Poitiers sous la conduite du chef gascon Sainte-Gemme, la pillèrent et la dévastèrent, comme de véritables cambrioleurs. Les châsses, les monstrances, les croix, les autels, les tableaux, les stalles, la belle librairie ou bibliothèque, rien ne fut respecté.

Le Chapitre de Saint-Hilaire possédait, en rares et précieux manuscrits, l'un des plus riches trésors du royaume, œuvre de dix siècles de labeurs, d'acquisitions à prix d'or, de dons des rois et des princes. Tout devint la proie des flammes, et fut à jamais perdu pour la postérité.

Les protestants détruisirent aussi par le feu deux orgues magnifiques, « autant belles que bonnes qu'il y eut en Europe » (1).

En 1590, le grand clocher, qui était le plus haut de tous ceux de la ville (2), s'écroula, entraînant avec lui une partie des voûtes.

« Le Chapitre fit de son mieux pour réparer ces ruines. Mais Saint-Hilaire ne recouvra jamais son antique splendeur. Enfin la Révolution arriva, et lui porta le dernier coup. L'église, vendue comme bien national, démolie en partie par l'acquéreur, fut rendue au culte en 1804, après quelques réparations sommaires » (3).

Elle n'avait conservé que son abside,

---

(1) Procès-verbal de mai 1562, relaté dans les *Mém. des Antiq. de l'Ouest,* tom. XXIII, 1856.

(2) Voir, dans la salle des séances des Antiquaires de l'Ouest, le *Plan de Poitiers en 1549,* gravure allemande attribuée à Sébastien Munster, don de M. le comte Raymond de Beauchamp. — Voir aussi, au Musée de l'Hôtel-de-Ville, le tableau du *Siège de Poitiers en 1569.*

(3) *Guide Archéol.*

son sanctuaire, les deux chapelles latérales, et la première travée de l'avant-chœur.

Ce ne fut qu'en 1859, après un éloquent appel de Mgr Pie aux fidèles du diocèse et aux pouvoirs publics, qu'on entreprit de réédifier les nefs sur les anciennes fondations, et, le 25 mai 1875, eut lieu, en grande solennité, la cérémonie d'inauguration.

Aujourd'hui, les parties les plus remarquables de l'édifice sont, à l'intérieur, la grande nef, avec ses voûtes à forme domicale et ses six nefs collatérales — la crypte creusée sous le chœur, où sont exposées la châsse et les reliques de saint Hilaire — et, beaucoup plus élevé que la nef, le sanctuaire, avec son élégante colonnade et l'arc de cercle de son abside.

A l'extérieur, c'est la même abside, vue du dehors, et les jolies absidioles, inscrites en saillie sur l'abside principale et sur les deux croisillons.

Ces absidioles, au nombre de six, sont spécialement intéressantes par leurs piliers, leurs modillons, et leurs chapiteaux de forme si archaïque.

L'ensemble de l'église est un type d'architecture romano-byzantine, unique en notre contrée.

On voit, « au bas du collatéral de

droite, le beau couvercle bombé d'un sarcophage en marbre blanc, coupé par des ressauts disposés en croix, et orné de figures et d'emblèmes qui rappellent les premiers temps du Christianisme. La tradition le désigne sous le nom de tombeau de sainte Abre, fille de saint Hilaire » (1).

A l'angle du croisillon nord et du bas-côté, un très curieux chapiteau représente la mort de saint Hilaire, étendu sur un lit et entouré de moines qui tiennent des livres de prières. Deux moines sont assis sur des sièges en X. Plus haut, l'âme du saint, sous la forme d'un corps nu, est bénie par la main divine et enlevée au ciel par deux anges.

Sur la pile sud-ouest de la croisée, la Nativité et la fuite en Egypte sont également sculptées d'une manière très naïve.

Dans la partie neuve de la basilique, les chapiteaux n'ont pas encore reçu les sculptures qui doivent les achever et les embellir.

Disons aussi que l'autel du sanctuaire, par ses médiocres proportions, n'est pas en harmonie avec l'ampleur du vaisseau.

---

(1) *Guide Archéol.*

Le Chapitre royal de Saint-Hilaire jouissait de privilèges exceptionnels.

Les deux premiers dignitaires du Chapitre, le trésorier et le doyen, avaient le droit d'officier avec les gants et la mitre.

De plus, le trésorier de Saint-Hilaire était en même temps chancelier de l'ancienne Université, fondée en 1431 par le pape Eugène IV et le roi Charles VII.

Les chanoines, en vertu des bulles papales, étaient exempts de la juridiction de l'évêque de Poitiers, et formaient, par conséquent, une corporation autonome.

D'autre part, en vertu des ordonnances des rois, ils étaient affranchis de la juridiction municipale, et, par suite, exerçaient une pleine autorité civile et judiciaire sur tout le domaine qu'ils possédaient.

Ce domaine était comme une petite ville indépendante, qui s'appelait le *Bourg de Saint-Hilaire*, et qui comprenait toute la partie sud-ouest de Poitiers, jusque vers la rue actuelle du Petit-Bonneveau, le bazar des Halles, et la rue de la Visitation.

On voit encore, à l'entrée de la cour intérieure de l'Hôtel des Trois-Piliers, de chaque côté du porche, deux petites statuettes enclavées dans le mur. L'une, celle de droite, marque la limite où s'arrêtait ici le Bourg de Saint-Hilaire, et l'autre, celle de gauche, le commencement du territoire urbain de Poitiers.

Le Musée lapidaire des Antiquaires conserve aussi plusieurs bornes qui délimitaient autrefois la juridiction territoriale du fastueux Chapitre.

Le Bourg de Saint-Hilaire s'étendait encore, au-delà des remparts de la ville, sur la campagne environnante.

« C'était sur les limites mêmes de son fief que le Chapitre avait soin de tenir ses assises judiciaires, pour fixer, matériellement en quelque sorte, dans l'esprit et la mémoire des habitants, l'étendue de sa possession seigneuriale » (1).

En 1096, quand le pape Urbain II vint consacrer l'église abbatiale de Montierneuf, une dispute s'était élevée, au sujet de certaines redevances, entre les religieux de cette dernière abbaye et les chanoines de Saint-Hilaire.

Le Chef suprême de l'Eglise s'interposa pour dirimer le conflit. Mais les chanoines de Saint-Hilaire ne voulurent entendre aucune proposition d'arrangement.

Ce fut alors que le Pape leur adressa,

---

(1) A. de la Bouralière : *Bull. des Antiq. de l'Ouest*, 2e trim. 1886.

avec une juste sévérité, l'allégorie suivante :

« Un loup fut placé chez un maître d'école, pour apprendre ses lettres. Mais, lorsque celui-ci disait A, l'élève répondait *agneau*, et, si le maître disait B, l'élève répondait *pourceau*. Or vous faites comme ce loup. Je vous propose oraisons et psaumes, et vous réclamez des choses qui ne sont d'aucun profit pour le salut des âmes ».

Cette piquante anecdote n'est-elle pas toute une peinture de mœurs ?

Au xv° siècle, un autre différend s'étant élevé entre le Chapitre de Saint-Hilaire et celui de Saint-Pierre, au sujet de la préséance dans les processions générales — toujours l'éternelle question du protocole ! — on régla par une convention que les chanoines des deux Chapitres marcheraient parallèlement, mais que ceux de la Cathédrale prendraient la droite, en signe de suprématie.

A côté de l'abside extérieure de Saint-Hilaire, s'élève un monument du xvi° siècle, style Renaissance, bâti par Geoffroy d'Estissac, d'abord doyen de Saint-Hilaire, et ensuite évêque de Maillezais.

Ce beau monument est l'ancien Doyenné du Chapitre royal, transformé, depuis 1834, en Ecole Normale d'instituteurs primaires.

C'est un membre du Chapitre de Saint-Hilaire, qui, le premier, installa en son domicile, sur la fin du xve siècle, une presse d'imprimerie.

De cette presse est sorti, en 1479, le premier livre imprimé à Poitiers, le *Breviarium Historiale*, in-quarto gothique, de 322 folios, avec initiales peintes en rouge.

La Bibliothèque publique de la Ville en possède un exemplaire.

C'est une chronique latine, qui commence à la création du monde, et se poursuit jusqu'au pontificat du pape Martin V, mort en 1431.

Les dernières lignes de cet antique et précieux incunable indiquent, de la façon la plus positive, la date et le lieu de son impression. C'est auprès de la basilique de Saint-Hilaire, dans la maison d'un chanoine du Chapitre, que ce travail fut accompli et achevé le 14 août 1479.

Nouvelle preuve que le clergé n'a jamais été le dernier à favoriser le développement de l'industrie, des sciences, et des arts utiles.

Il existait jadis, annexée à l'église Saint-Hilaire, une école célèbre en

Poitou. Bien que cette école ait disparu depuis longtemps, le titre d'*écolâtre* avait été conservé, et figurait toujours parmi les dignités du Chapitre.

Au-delà du Doyenné de Saint-Hilaire, dans la rue actuelle Jules-Ferry, se trouvait, avant la Révolution, la petite église paroissiale de Sainte-Triaise, dont le dernier curé fut l'abbé Lecesve.

Elu par le clergé du Poitou député aux Etats-Généraux; Lecesve y joua un rôle des plus importants, puisqu'il décida un grand nombre de membres de son Ordre à se réunir, en juin 1789, au Tiers-Etat, pour former l'Assemblée Nationale. Il fut ainsi, avec ses deux collègues du Poitou, l'abbé Jallet et l'abbé Ballard, un des promoteurs influents de la Révolution.

En 1791, il devint premier évêque constitutionnel de la Vienne, et mourut peu de jours après son installation.

Sainte-Radegonde

Après l'église dédiée à l'illustre évêque de Poitiers, saint Hilaire, vient maintenant, selon l'ordre chronologique, l'église dédiée à la glorieuse patronne de la ville, sainte Radegonde.

On sait que la pieuse reine de France,

après le meurtre de son jeune frère par Clotaire son mari, abandonna la cour de ce prince barbare, prit à Noyon le voile des religieuses, et vint ensuite à Poitiers, où elle fonda, sur les rives du Clain, une abbaye royale, qui fut appelée *Abbaye de Sainte-Croix*, depuis l'année 569, époque à laquelle Radegonde eut la joie de recevoir, de l'empereur Justin de Constantinople, un fragment précieux de la vraie Croix de Jésus-Christ.

Le monastère de sainte Radegonde a survécu jusqu'à nos jours, mais non à la même place où la sainte fondatrice l'avait établi.

L'ancienne Abbaye royale était située un peu au-dessous du Baptistère Saint-Jean, et comprenait les vastes terrains qui s'étendent, à droite et à gauche, jusqu'à la rivière du Clain. Il est bien évident que la rue du Pont-Neuf n'existait pas alors.

C'est là que Radegonde mourut en 587, et son corps, après de solennelles funérailles, fut déposé, par l'évêque Grégoire de Tours, dans le caveau mérovingien où l'on visite encore les restes de la Sainte.

L'église, où se trouve ce caveau, avait été bâtie par Radegonde elle-même, en dehors de l'enceinte gallo-romaine de

Poitiers, qui passait par les rues actuelles des Carolus et du Pigeon-Blanc. Cette église était placée sous l'invocation de la Mère de Dieu, et, à cause de cela, elle fut primitivement appelée *Sainte-Marie-hors-des-murs*.

Dans la suite, elle fut agrandie et placée sous le vocable même de la sainte Reine.

Ravagée par les invasions successives des Sarrasins et des Normands, au VIIIe et au IXe siècles, elle garda cependant à l'abri du pillage, dans les profondeurs de la crypte, le précieux dépôt qu'elle renfermait, caché à tous les regards, et qui fut heureusement retrouvé, en l'an 1012, par les soins d'une abbesse de Sainte-Croix, nommée Béliarde.

C'est alors, probablement, que les reliques de sainte Radegonde furent mises dans le tombeau de marbre noir, orné de sculptures archaïques, qui est encore aujourd'hui, pour la piété des fidèles, un objet de si grande vénération.

L'église de la sainte Patronne de Poitiers fut sans doute entièrement rebâtie au cours du XIe siècle. C'était une église de style roman, avec une nef principale, correspondant au sanctuaire actuel, et deux petites nefs latérales servant de déambulatoire.

Mais, en 1083, un violent tremblement

de terre occasionna un incendie qui détruisit tout le milieu de cette église primitive. Il n'en resta que les deux extrémités : à l'est, le sanctuaire et l'abside ; à l'ouest, la tour qui sert de façade.

Cette tour, carrée à la base et aux deux étages supérieurs, octogonale à son faîte, et flanquée à gauche d'une jolie tourelle d'escalier, est un beau spécimen de la vieille architecture romane.

Sous le porche, à droite et à gauche, vous pouvez remarquer dans la muraille deux bas-reliefs du Christ et de Marie, qui dénotent une origine extrêmement ancienne, et qu'on peut faire remonter sans erreur jusqu'aux temps carolingiens.

Au XIIe et au XIIIe siècles, on réunit, par une seule nef gothique, les deux parties que l'incendie de 1083 avait séparées. Et c'est ainsi que l'église Sainte-Radegonde est devenue une œuvre composite de style roman et de style ogival.

Les voûtes de la grande nef sont de forme domicale et renforcées de huit nervures toriques. Leur analogie avec celles de la Cathédrale est frappante, et démontre que les unes et les autres sont de même époque.

Comme à la Cathédrale aussi, les murs latéraux sont ornés de hautes arcatures, que surmonte un chemin de ronde, dont la corniche repose sur des modillons de formes très variées.

La sacristie, à droite de la grille du sanctuaire, est une œuvre du xiie siècle. Elle est remarquable par sa voûte à nervures, en forme de dôme, et par ses colonnettes, qui s'appuient sur des figures formant consoles. Ces figures reproduisent-elles des personnages du temps ? Peut-être.

A la clef de voûte, on distingue le Père Eternel, et, aux quatre angles, les emblèmes des évangélistes : l'homme, le lion, le bœuf, et l'aigle.

Les vitraux de la nef sont des premières années du xive siècle. Ils représentent, soit le Jugement dernier, soit des scènes de la vie de Jésus-Christ, soit des épisodes de la vie de sainte Radegonde.

Dans la grande verrière du mur nord, on voit briller les armoiries du donateur, le roi Philippe-le-Long, qui fut comte de Poitou. Ces armoiries écartelées sont de France (*d'azur aux fleurs de lys d'or sans nombre*) et de Poitou (*de gueules aux tours d'or*).

En 1412, le duc de Berry, Jean de France, eut la téméraire curiosité de faire ouvrir le sarcophage de marbre noir où reposait le corps de la sainte Reine, et ce corps, au témoignage même du prince, fut trouvé « plus odorant que baume ».

La légende ajoute que le violateur du tombeau tenta d'enlever à la morte les deux anneaux qui ornaient ses doigts, mais qu'il recula, les cheveux hérissés d'horreur, lorsque la Sainte, endormie cependant du dernier sommeil depuis tant de siècles, lui refusa son anneau de religion, en retirant sa main desséchée.

Le 27 mai 1562, le saint tombeau fut encore violé par le fanatisme des soudards protestants, et l'église dévastée, comme le furent également l'abbaye de Sainte-Croix, l'église Saint-Hilaire, la cathédrale, et les autres églises de la ville.

Mais une notable portion des reliques de la Sainte échappa à la fureur des hérétiques, et, plus tard, à l'époque de la Révolution, la vénération populaire les préserva aussi des outrages de l'impiété jacobine.

Devant le tombeau, se dresse la statue en marbre blanc de sainte Radegonde,

portant la couronne, le sceptre, et le manteau fleurdelisé. C'est un ex-voto offert en 1658 par la reine Anne d'Autriche, en reconnaissance de la guérison de son fils Louis XIV, tombé gravement malade à Calais.

On croit que cette belle sculpture est due au ciseau du célèbre Girardon.

Anne d'Autriche avait donné aussi à l'église Sainte-Radegonde une riche lampe d'argent, en souvenir de la guérison de Louis XIV. Ce monarque voua lui-même, plus tard, son dauphin à sainte Radegonde. Il envoya, à cette occasion, un poupon de vermeil, de grandeur naturelle, qui fut placé, dans une niche grillée, à droite du sanctuaire. Pas n'est besoin de dire que la lampe et le poupon d'argent n'échappèrent pas à la *probité* révolutionnaire (1).

Avant de descendre au tombeau, arrêtez-vous un instant devant la petite chapelle, creusée, à droite, dans le mur latéral, et protégée par une grille de fer.

Vous y voyez deux statues : celle du Christ et celle de Radegonde à genoux.

---

(1) De la Liborlière : *Vieux Souvenirs du Poitiers d'avant 1789.*

Entre les deux statues, dans la pierre, se trouve l'empreinte d'un pied.

Ce monument était, avant la Révolution, dans l'enclos du monastère de Sainte-Croix, et s'appelle *le Pas-de-Dieu*. C'est, d'après la légende, l'empreinte laissée par le pied du Sauveur, quand il apparut à Radegonde, quelque temps avant sa mort, en lui disant : « Sache que, de toutes les gemmes qui ornent mon diadème, tu es l'une des plus belles et des préférées ! »

La crypte et le tombeau de notre sainte Patronne sont visités chaque année, surtout au mois d'août, qui est le mois de sa fête, par des milliers de pèlerins, venus de la ville et des localités d'alentour.

Riches et pauvres, citadines et paysannes, dames du monde et femmes du peuple, tous les rangs de la société sont confondus dans cet universel concours de dévotion et de confiance en la protection de « la bonne Sainte ». A Poitiers, il n'est pas une mère chrétienne, qui n'y conduise son enfant, et qui ne baise avec amour la pierre du saint tombeau, sur lequel elle fait brûler un cierge.

Tout le jour, le couvercle du tombeau est constellé de flammes. Aussi les marchandes de cierges sont-elles nombreuses autour de l'église, trop nombreuses même pour les honnêtes pèlerins qu'elles fatiguent de leurs importunités.

Au xv⁵ siècle, on a plaqué sur la façade, à la base de la tour romane, un élégant portail de gothique flamboyant, où l'on voit, sous de petits dais habilement ouvragés, la Vierge Marie, saint Hilaire, et sainte Radegonde, avec sainte Agnès et sainte Disciole, que Radegonde eut pour compagnes de monastère.

Devant cette façade, existe un parvis, entouré de bancs de pierre et de murs d'enceinte, sur lesquels on voit les restes mutilés de lions accroupis et d'anges, qui portaient autrefois l'écu royal de France.

C'est là, *inter leones*, que le prieur de l'église — car Sainte-Radegonde, jusqu'à la Révolution, était le siège d'un Chapitre, en même temps qu'église paroissiale — exerçait son pouvoir de juridiction envers ceux qui relevaient de son autorité spirituelle ou féodale.

C'est là aussi que l'affranchissement des serfs était prononcé, et que se faisaient les pénitences publiques ou amendes honorables, ainsi que les représentations dramatiques et religieuses, si célèbres, au moyen-âge, sous le nom de *mystères*.

Au-dessus de la toiture du chœur, s'élance une flèche légère, qui porte à son sommet une couronne royale, hommage au titre et à la dignité de sainte Radegonde.

La pose de cette couronne eut lieu en 1887, et coïncida avec les grandes solennités qui furent célébrées en l'honneur du treizième centenaire de la mort de notre bienheureuse Protectrice.

On n'accède à l'église Sainte-Radegonde que par de petites rues, étroites et obscures, où l'on aperçoit encore, à la porte d'une auberge, l'humoristique enseigne du *chat qui pêche*. On sent qu'on est en plein dans le vieux Poitiers.

Un peu avant le Baptistère Saint-Jean, à droite, un blanc clocher de pierre s'élève vers le ciel : c'est la chapelle moderne du monastère actuel de Sainte-Croix, qui occupe l'emplacement de l'ancien Doyenné de la Cathédrale.

Les religieuses de ce monastère sont demeurées les fidèles gardiennes de précieuses reliques : telles que le *petit pupitre* en bois de chêne, couvert de sculptures symboliques, qui servait à sainte Radegonde — la *croix de fer* que la sainte

Moniale portait sur elle en esprit de mortification et de pénitence — la châsse en cuivre ciselé, doré, et émaillé, style gothique du xiiie siècle, qui fut fabriquée en 1854, aux frais du clergé et des fidèles, et en laquelle Mgr Pie, évêque de Poitiers, renferma quelques ossements de la tête et du bras de sainte Radegonde — mais surtout la *relique insigne de la vraie Croix,* parcelle haute de quelques centimètres, large d'un demi-centimètre, sertie d'or, et enchâssée dans une plaque d'émail bleu.

Ce reliquaire byzantin est tel encore que la sainte Reine le reçut en 569 de l'empereur de Constantinople.

Le monastère de Sainte-Croix possède aussi une belle galerie de tableaux religieux, qui datent des premières années du xviie siècle, et qui proviennent de la princesse-abbesse Flandrine de Nassau.

Tout cela est plein d'intérêt pour les cœurs chrétiens, et même pour les simples visiteurs.

Saint-Porchaire

Nous rapprochons de la monographie de l'église Sainte-Radegonde celle de l'église Saint-Porchaire, à cause des traits de similitude entre les tours qui leur servent de porche. Toutes les deux appartiennent à l'art roman du xɪᵉ siècle.

La tour de Saint-Porchaire se compose d'un portail à plein cintre et à moulures en damier, et, par-dessus ce portail, de trois ordres d'arcatures romanes.

Les deux archivoltes qui forment l'entrée reposent sur quatre colonnes aux chapiteaux fort curieux.

L'un de ces chapiteaux, à droite, représente Daniel dans la fosse aux lions. A gauche, comme prolongement du même sujet, des lions sont encore représentés, et, pour que nul ne se méprenne sur l'intention du naïf sculpteur, le mot LEONES, en majuscules romaines, a été gravé par lui, entre deux corps d'animaux, qu'on aurait pu confondre aisément, il faut l'avouer, avec d'autres êtres de la création.

Sur le chapiteau voisin, on voit les deux colombes symboliques buvant au même calice, emblème si souvent reproduit par les sculpteurs chrétiens du moyen-âge.

A gauche de la tour, est accolée, comme une verrue parasite, une fort laide boutique de marchand, qui aurait dû depuis longtemps disparaître.

« En 1843, cette belle tour, à l'aspect

si robuste, faillit être démolie par une municipalité mal éclairée, sous le prétexte qu'elle menaçait ruine. Elle ne dut son salut qu'aux efforts de la Société Française d'Archéologie, qui tenait alors son Congrès à Poitiers, sous la présidence de M. de Caumont » (1).

Aux yeux de l'antiquaire et du voyageur, elle met dans la banalité des choses modernes, au milieu de la rue la plus commerçante et la plus fréquentée de la ville, une note de frappante vétusté.

C'est dans cette tour que se trouve placée la vieille cloche qui annonçait jadis la soutenance des thèses et les cérémonies de l'Université, dont une partie, la Faculté de Droit, avait son siège tout auprès, rue des Grandes-Ecoles.

Cette cloche est maintenant la plus grosse des trois qui appellent aux offices de la paroisse, et chante la partie de basse dans le carillon.

L'intérieur de l'église est une construction du xve siècle. C'est un vaisseau à deux nefs d'égale largeur, terminées par un chevet droit. On dirait une salle capitulaire. « Les deux nefs sont sépa-

---

(1) A. de la Bouralière : *Guide Archéol.*

rées par des colonnes cylindriques sans chapiteaux, sur lesquelles retombent les nervures des voûtes, ce qui leur donne l'aspect de véritables palmiers » (1).

Cette église possède quelques tableaux de facture artistique : *l'Invention de la vraie Croix par sainte Hélène* — une *Mise en linceul du corps de Jésus* — une *Sainte Famille*, où sont groupés la Vierge et l'enfant Jésus, le petit saint Jean, saint Joseph, et sainte Anne — et une autre toile, représentant la scène de Jésus et des Pharisiens, quand ceux-ci lui demandent s'il faut payer le tribut à César, et que Jésus, tenant en main une pièce de monnaie, leur dit : « De qui est cette effigie et cette inscription ? »

Toutes les physionomies, celle du Christ et celles des Juifs aux sentiments perfides, sont pleines de l'expression la plus vivante.

Il y a aussi, à Saint-Porchaire, une statue de Madone, qui attira l'attention du difficile esthète qu'était Huysmans.

Le fondateur de cette église fut saint Porchaire, abbé de Saint-Hilaire-le-Grand vers la fin du VI° siècle. Il y a peu d'années, ses ossements, contenus dans

---

(1) Ch. de Chergé.

un sarcophage de pierre avec mention explicative, ont été découverts sous le maître-autel.

Cette église et celle de Saint-Hilaire sont les seules églises de Poitiers, dont le seuil soit de niveau avec la voie publique. Toutes les autres sont plus basses de plusieurs marches, soit que le sol ait été peu à peu exhaussé autour d'elles, soit plutôt qu'il ait été creusé au moment de leur construction.

C'est dans le voisinage de Saint-Porchaire, à l'angle de la rue Gambetta et de la rue du Plat-d'Etain, près du théâtre, que se passa une histoire digne des *Contes Fantastiques* d'Hoffmann.

Voici comment M. de la Liborlière, ancien Recteur d'Académie, la raconte en ses *Vieux Souvenirs du Poitiers d'avant 1789* :

« La femme d'un orfèvre, appelé Mervache, étant attaquée d'une maladie déclarée mortelle, et dont elle-même, quoique assez jeune encore, ne croyait pas pouvoir guérir, demanda d'être enterrée avec une bague de prix, qui lui était fort chère et qu'elle gardait toujours à son doigt. On respecta cette dernière volonté, et, quand on l'ensevelit dans le funèbre linceul, son joyau ne lui fut pas enlevé.

« Le fossoyeur, instruit de la circonstance, voulut s'approprier un bijou, dont la valeur était à ses yeux une petite fortune, et dont il pensait que la soustraction, qui selon lui ne faisait tort à personne, serait à jamais ignorée. Il alla donc, au milieu de la nuit, ouvrir la fosse, le cercueil, et se mit en devoir d'arracher la bague.

« Mais, ou Mme Mervache avait la main un peu enflée, ou, comme il arrive assez souvent, lorsqu'on porte longtemps un anneau sans jamais le quitter, la chair avait formé au-dessus une sorte de bourrelet. Alors la secousse ou même la douleur occasionnée par cette résistance tira de sa léthargie la prétendue morte, qui poussa un gémissement aigu.

« Le fossoyeur épouvanté s'enfuit, comme s'il avait eu à ses trousses tous les défunts enterrés dans le cimetière depuis deux cents ans.

« La pauvre ressuscitée, s'enveloppant de son suaire, sans perdre sa présence d'esprit, se rendit chez elle, et frappa à la porte d'un bras vigoureux. La servante, réveillée en sursaut, faillit tomber à la renverse, lorsqu'en ouvrant la fenêtre elle entendit la voix de sa maîtresse et distingua son costume. Mais le mari, qui accourut au bruit, reconnaissant aussitôt celle dont il pleurait amèrement la perte, s'élança au-devant, d'elle avec les transports de la joie la plus vive. Ils vécurent de nouveau plusieurs années ensemble, et ils eurent même encore des enfants ».

M. de la Liborlière écrivait ceci en 1846, et déclare que cette histoire lui fut racontée par des personnes qui prétendaient avoir connu les époux Mervache.

Saint-Jean de Montierneuf

A l'extrémité nord de la ville, au bas du plateau sur lequel s'élève Poitiers, une avenue plantée d'arbres conduit à une église : c'est Saint-Jean-de-Montierneuf.

Le vocable de *Montierneuf* signifie *Moustier Neuf*, parce que le moustier ou monastère dont cette église faisait partie était plus récent que celui de Saint-Cyprien, qui existait dans le faubourg de ce nom, sur la rive droite du Clain.

L'abbaye bénédictine et l'église de Montierneuf furent fondées, en l'année 1077, par Guy-Geoffroy-Guillaume, sixième comte de Poitou, et huitième duc d'Aquitaine, qui les dota richement.

L'église eut pour architecte un moine

de l'abbaye, nommé Ponce. Le duc-fondateur y fut enseveli en 1086.

Le 22 janvier 1096, elle eut l'insigne honneur d'être solennellement consacrée par le pape Urbain II, qui venait de Clermont-Ferrand, où il prêcha la première croisade.

Le Pape était assisté des archevêques de Pise, de Lyon, et de Bordeaux, des cardinaux-évêques de Segni et d'Albano, et de l'évêque de Poitiers, Pierre II.

Cette consécration de Montierneuf est attestée par une pierre et une inscription commémoratives, qu'on découvrit près du transept de l'église, dans le mur latéral de gauche, et que la Société des Antiquaires a fait couvrir d'un châssis vitré.

Quand le Pape consacra Montierneuf, c'était dans toutes ses parties une église de style roman. Impossible de supposer qu'il n'en fut pas ainsi, puisque l'architecture romane était la seule employée à cette époque.

Comment se fait-il donc que la voûte romane du sanctuaire ait été remplacée, au XIII° siècle, par une voûte et par de hautes verrières gothiques, d'ailleurs fort belles ?

Toujours est-il que cela est, et qu'on admire encore cette magnifique lanterne de style ogival, qui surmonte le chœur et laisse pénétrer à flots les rayons de lumière.

De même que les autres églises de Poitiers, Montierneuf eut beaucoup à souffrir pendant les guerres de religion.

« En 1562, les soldats protestants de Sainte-Gemme l'envahirent, saccagèrent les bâtiments claustraux, et incendièrent l'église ».

Toutefois, notre vieux chroniqueur Liberge raconte que, en 1569, pendant le siège de Poitiers par l'armée protestante de Coligny, la tour du clocher de Montierneuf servait encore aux assiégés pour tirer contre les ennemis « mousquets et arquebusades ».

« Au siècle suivant, l'abbé Pierre Rousseau de la Parisière, ne pouvant relever le monastère entier de ses ruines, entreprit de réparer au moins l'église. La voûte de la nef s'étant effondrée en 1643, il la fit remplacer par une nouvelle voûte en berceau, moins élevée d'environ cinq mètres que l'ancienne, ainsi qu'en témoignent les arrachements encore visibles dans les combles. L'édifice fut diminué dans sa longueur de trois travées, que leur état de dégradation et le manque de ressources ne permirent pas de conserver. C'est alors que fut élevée la nouvelle façade, avec son portail en style grec.

« René Rousseau, neveu et successeur du précédent, entreprit la restauration de la partie supérieure de l'abside qui menaçait d'une chute prochaine. Deux contreforts, portant pour toute décoration les armes de l'abbé — *d'azur à deux roseaux d'or en sautoir* — et la date de 1668, n'ayant pu arrêter la poussée de la voûte, on dut la reprendre en entier. Ce travail délicat fut achevé en 1672 » (1).

Pendant la Révolution, Montierneuf fut transformé en écurie pour chevaux de régiment, puis en magasin à fourrages.

Pour comble de malheur, le clocher, qui surmontait le dôme du transept, s'écroula et endommagea par sa chute l'édifice tout entier.

Ce clocher consistait en une tour carrée, couronnée, comme celle de Notre-Dame, d'une pyramide conique à pierres imbriquées, et accostée de quatre clochetons en forme de pomme de pin. Deux de ces clochetons subsistent encore.

L'analogie entre les deux clochers de

---

(1) A. de la Bouralière : *Guide Archéol.*

Montierneuf et de Notre-Dame montre qu'ils étaient contemporains.

Ce ne fut qu'en 1817, grâce aux efforts de M. l'abbé Sabourain, curé de Montierneuf, secondé par M. du Hamel, préfet de la Vienne, qu'on commença à restaurer la vieille église abbatiale et à la relever de son état de délabrement, pour la rendre aux cérémonies du culte catholique.

Mais, au point de vue de l'art, cette restauration fut plutôt malheureuse. Les arcatures de l'abside furent cachées sous un enduit, et les vieux chapiteaux romans de la nef furent mutilés et retaillés avec motifs de style grec.

Quoi qu'il en soit, malgré les dégradations qu'elle a subies, Montierneuf est encore une belle église, spacieuse, bien éclairée, et d'aspect harmonieux.

« Le 8 juillet 1822, la sépulture de Guillaume, fondateur de l'église, a été retrouvée, au milieu de la grande nef, après quelques recherches auxquelles présidaient les autorités religieuses et civiles.

« Le corps du duc reposait dans un sarcophage en pierre, de deux mètres de long, fort épais, et creusé à une profondeur de 75 centimètres. Le squelette annonçait une taille de 1 mètre 82. Les restes des vêtements, les brodequins pointus avec talons en cuir rouge, les mains recouvertes de gants, les deux croix placées sur la poitrine, l'une en cuir, de forme ancrée, l'autre, au-dessus de la première, en étoffe brodée, tout indiquait qu'il avait été enseveli avec l'habit religieux par-dessus son costume ducal » (1).

Le duc était dans cette tombe depuis l'année 1086.

Après avoir constaté son identité, on éleva sur ses cendres un mausolée moderne, qui le représente couché, en costume de chevalier. Ce mausolée fut déplacé plus tard, et relégué dans un coin de l'église, à droite en entrant. C'est là qu'on le voit aujourd'hui.

Quant à l'abbaye, elle fut d'abord riche et puissante. « Pendant 700 ans, la liste des abbés de Montierneuf fournit 58 noms, parmi lesquels figurent ceux des Coucy, des Saint-Gelais-Lusignan, des La Rochefoucauld et des Cossé.

« L'abbé de Montierneuf était élu par les religieux assemblés en Chapitre, conformément aux statuts de l'Ordre de Cluny, dont ils suivaient la règle.

« Dès la création de l'Université de

---

(1) Ch. de Chergé, et Rapport de l'abbé Gibault conservé aux Archives de la Vienne.

Poitiers, au xv⁰ siècle, les abbés de Montierneuf furent investis du titre de Conservateurs Apostoliques des privilèges de cette Université, et ils ne reculèrent jamais devant les contestations qu'il leur fallut soutenir, pour défendre les droits et honneurs attribués à ce titre » (1).

Depuis la Révolution, l'abbaye de Montierneuf a été affectée au service de l'Etat, qui s'est approprié, sur notre sol poitevin et sur tout le sol français, tant d'édifices religieux.

C'est aujourd'hui le quartier d'un régiment d'artillerie.

Notre-Dame-la-Grande

Les origines de Notre-Dame, comme celles des précédentes églises, sont très anciennes. Elles remontent, pour le vaisseau, au xi⁰ siècle, et pour la façade, au xii⁰.

Cette façade est merveilleusement ornée de statues, de bas-reliefs, et de charmantes tourelles en forme de pomme de pin.

Sur le fronton, est creusé un médail-

---

(1) Ch. de Chergé, et Rapport de l'abbé Gibault conservé aux Archives de la Vienne.

lon ovale, au milieu duquel apparaît le Christ triomphant, entouré des quatre animaux, symboles des évangélistes.

Plus bas, encadrant une large fenêtre cintrée, sont deux rangées d'arcades, qui abritent les statues des douze apôtres et deux statues d'évêques. Ces dernières représentent sans doute saint Hilaire, le grand évêque de Poitiers, et son disciple saint Martin, qui devint évêque de Tours, ou peut-être saint Fortunat, un des plus illustres successeurs d'Hilaire.

Entre cette double rangée d'arcades et les voussures du soubassement, sont sculptées diverses scènes de l'histoire sainte, empruntées à l'Ancien et au Nouveau Testament : telles que la tentation d'Adam et d'Eve, les Prophètes qui annoncent sur des phylactères l'avènement du Messie, l'arbre symbolique de Jessé, l'Annonciation, la Visitation de Marie à Elisabeth, et la Nativité de Jésus.

Dans ce dernier bas-relief, la Vierge couchée tend la main avec tendresse vers son divin Fils. Près de l'Enfant, au-dessus d'un berceau en treillis, le bœuf et l'âne penchent la tête, et, plus loin, deux femmes, dans un bassin en forme de coupe, lavent le corps du nouveau-né.

Mais ce détail réaliste est inexact, puisque, selon la croyance chrétienne, l'Enfant Jésus naquit d'une manière entièrement miraculeuse, sans contracter aucune souillure.

Ce qui est également contraire au texte évangélique, c'est de représenter Marie étendue dans un lit puisque ce fut dans une pauvre étable qu'elle mit Jésus au monde.

En raison de toutes ces sculptures décoratives, on peut dire que la riche façade de Notre-Dame est comme une page illustrée de la Bible, et, en raison de la teinte grise dont l'a revêtue la patine du temps, on peut encore la comparer à ces coffrets ou reliquaires de vieil ivoire travaillés et fouillés avec tant d'exquise délicatesse par les artistes d'autrefois.

La nef est voûtée en berceau ou en cintre légèrement surbaissé. Cette voûte est soutenue, de travée en travée par des arcs-doubleaux, et le sanctuaire, voûté en cul-de-four est entouré d'une lourde colonnade très massive.

De chaque côté de la nef et tout autour du sanctuaire, circule un étroit déambulatoire : ce qui est propre aux vieilles églises romanes.

Quand on pénètre dans la nef de Notre'Dame, on remarque aussitôt la déviation, vers la gauche, de l'abside et du vitrail qui est au fond.

Cette inclinaison est-elle intentionnelle ? On n'en saurait douter. Elle a pour but de symboliser la tête du Sauveur inclinée sur la Croix. Et comme le côté gauche de l'autel ou côté de l'Evangile symbolise le Nouveau Testament, tandis que le côté droit ou côté de l'Epître symbolise l'Ancien Testament, les architectes des églises romanes ont fait généralement incliner l'abside vers la gauche, comme pour montrer la prédilection du Christ pour ceux qui vivent sous la loi de l'Evangile.

Cependant en certaines églises romanes, à Notre-Dame de Montmorillon et à Saint-Pierre de Chauvigny, par exemple l'inclinaison de l'abside est à droite, du côté de l'Epître.

Mais, à Notre-Dame de Poitiers le symbolisme est plus parfait, attendu que l'inclinaison est à gauche.

De plus, on a remarqué, aux chapiteaux des deux colonnes les plus rapprochées de l'autel, une différence qui ne doit pas être sans motif. Ces deux chapiteaux sont ornés d'un feuillage touffu, sous lequel on distingue des oiseaux. Mais, à gauche, ces oiseaux ont les ailes déployées, le bec tourné vers l'autel, et paraissent pleins de vie. A droite, au contraire, ils ont les ailes repliées, le bec abattu, et paraissent inanimés.

N'y a-t-il pas là un symbolisme transparent, pour désigner l'Evangile comme une source de vie, et l'Ancienne Loi comme frappée de mort ?

Enfin, les colonnes qui soutiennent la grande voûte de la nef ont des chapiteaux plus élevés et plus décorés à gauche qu'à droite.

N'est-ce pas toujours pour symboliser la prééminence du Nouveau Testament sur l'Ancien ?

Ces curieuses observations ont été faites par le R. P. Compaing de la Tour-Girard, et communiquées par lui à la Société des Antiquaires de l'Ouest.

Notre-Dame de Poitiers est un des plus purs et des plus beaux types de style roman que possède la France.

Aussi est-elle citée à bon droit, comme un modèle du genre, dans tous les traités d'architecture et dans tous les recueils illustrés.

La porte latérale du côté sud, ainsi que la chapelle dédiée à sainte Anne, sont des œuvres postérieures de style ogival.

Les autres chapelles du côté nord sont aussi des annexes de date moins ancienne, édifiées par de nobles personnages dont on voit les armoiries sur le mur extérieur.

Mais, si par la pensée on isole Notre-Dame de ces adjonctions et de la récente sacristie dont l'aspect est plutôt désagréable, cette antique église, avec sa façade historiée, ses tourelles, et son vieux clocher conique, qui dresse au-dessus de l'avant-chœur son pignon séculaire, est une œuvre des plus esthétiques et des plus pittoresques.

Il faut la voir notamment, soit du seuil des Facultés, soit du coin de la rue du Marché, à la chute du jour ou par un beau clair de lune, quand ses lignes harmonieuses et son ensemble varié se profilent dans l'espace, sur la pâleur du ciel. C'est un superbe tableau d'art et de poésie !

Cette église est appelée, tantôt Notre-Dame-la-Grande, tantôt Notre-Dame-des-Clefs.

La première appellation lui fut donnée, pour la distinguer d'une autre église, qui se nommait Notre-Dame-la-Petite, et qui était située à l'angle droit de la rue du Marché et de la rue de la Cathédrale. Une image de Marie marque encore cet emplacement.

La seconde appellation lui vient de l'épisode miraculeux, raconté par Jean Bouchet, dans les *Annales d'Aquitaine*, et d'après lequel, en la nuit de Pâques 1202, les clefs de la ville furent soustraites par la protection de Notre-Dame, à la félonie d'un traître, qui avait dessein de les livrer aux Anglais.

Au lendemain de la loi de Séparation, la statue miraculeuse a disparu, pour être mise, croyons-nous, en lieu sûr.

Jusqu'à la Révolution, Notre-Dame était une église collégiale et paroissiale, desservie par un Chapitre, dont le premier dignitaire avait le titre d'Abbé. Les armoiries du Chapitre étaient *un ange de sable à deux têtes sur champ d'or*.

Depuis la Révolution, Notre-Dame est seulement une église paroissiale et le siège du second Doyenné de Poitiers.

Dans l'intérieur de l'église, nous avons à remarquer la chaire, œuvre du XVIIe siècle, qui appartenait à l'ancien couvent des Filles-de-Notre-Dame — les deux pupitres du lutrin, en cuivre, à figures d'aigle — les vitraux mosaïques de l'abside et de la façade, et, dans les chapelles de gauche, les vitraux modernes, qui représentent le Miracle des Clefs et saint Louis rendant la justice sous le chêne de Vincennes.

Quel est, sous un globe de verre, à gauche de la grande nef, deuxième pilier, ce groupe original : une femme porte un enfant sur son bras, cet enfant porte lui-même un poupon emmailloté, et la statue est entourée de sept enfants de tout âge, de toute taille, de tout sexe, qui tiennent un livre à la main ? Est-ce une mère Gigogne avec tous ses mioches ? Est-ce Marie, protectrice des enfants et spécialement de la jeunesse studieuse ? Nous nous bornons à formuler des hypothèses.

On a dit que c'était la mère des Machabées. On pourrait dire, tout aussi bien, que c'est sainte Félicité, martyre, et ses sept fils. Mais les détails du groupe ne répondent aucunement à cette double interprétation.

C'est plutôt, il nous semble, la glorification de la maternité chrétienne.

Sur la muraille de l'allée latérale de droite, vous apercevez une petite colonne peinte en marbre, sur laquelle est sculpté, en écusson, un cœur, d'où s'échappent trois branches fleuries.

Ce petit monument a pour but de

rappeler une vieille légende, d'après laquelle un jeune neveu de l'Abbé de Notre-Dame, qu'on croyait mort en état de péché grave, fut sauvé à sa dernière heure par l'intercession de la benoîte Vierge Marie.

« Quinze jours ou environ après sa mort, raconte Jean Bouchet, on trouva sur la fosse du trépassé une rose blanche, en branche verte nouvellement venue, malgré que ce n'en fût la saison. Et on trouva, en la bouche du jeune enfant, un petit billet de papier, où était écrit en lettres d'or *Maria*, dont chacun fut fort esbahi ».

Au fond de la même allée latérale, à droite du sanctuaire, vous rencontrez la chapelle Sainte-Anne, dont l'autel est moderne.

Cette chapelle fut fondée en 1475, par Yvon du Fou, grand sénéchal du Poitou, et par sa femme Anne de Puychevrier. Leurs riches armoiries sont sculptées au sommet du monument de gothique flamboyant, destiné à leur servir d'enfeu ou de caveau funéraire.

Dans cet enfeu, se trouve un beau groupe de sept statues, de grandeur naturelle, représentant la mise de Jésus au tombeau.

C'est une œuvre d'art du xvie siècle,

provenant de l'ancienne abbaye de la Trinité, où elle fut élevée à la mémoire de l'Abbesse Marie d'Amboise, morte en 1537. On voit sur le monument les armes de la famille d'Amboise.

Mais ce qui n'est pas une œuvre d'art, c'est le vilain tatouage qui déshonore, depuis 1851, les piliers et les voûtes de Notre-Dame-la-Grande. On devait plus de respect à la belle et vénérable église que nous ont léguée nos ancêtres.

C'est dans le sanctuaire de Notre-Dame, que le cardinal Pie, l'éminent évêque de Poitiers, mort en 1880, a choisi, en sa qualité de dévot serviteur et d'éloquent panégyriste de Marie, le lieu de sa sépulture.

Sa pierre tombale, avec une modeste épitaphe composée par lui-même, est au niveau du pavé, devant les marches de l'autel majeur. Son chapeau cardinalice est suspendu à la voûte.

Le 29 novembre 1863, il avait solennellement couronné, au nom du Souverain Pontife Pie IX, la statue de Notre-Dame-des-Clefs. Ce fut une fête splendide !

En novembre 1789, une partie du trésor de Notre-Dame (lampe, chandeliers, croix, bassin, et canettes d'argent) fut confisquée et envoyée à la Monnaie de La Rochelle, pour être fondue et transformée en lingots (1).

C'est ainsi qu'on savait pratiquer déjà la *liquidation* des biens ecclésiastiques.

Dès l'année 1202, Gervais, abbé de Notre-Dame, et Messieurs du Chapitre, avaient fondé, en face de l'église, un peu à droite, un Hôtel-Dieu, qui fut appelé *l'Aumônerie Notre-Dame* (2).

Cette Aumônerie subsista à la même place jusqu'à l'époque de la Révolution, et, après un long passé de six siècles, l'Hôtel-Dieu fut transféré dans les locaux du Grand-Séminaire, où il est encore actuellement.

De nos jours, l'ancienne Aumônerie Notre-Dame est devenue le siège des Facultés Universitaires.

La Faculté de Droit y fut fondée par décret de 1804 et solennellement installée le 23 juin 1806 par le tribun Chabot. La Faculté des Lettres y fut fondée en 1845, et la Faculté des Sciences en 1854.

Où l'on soignait autrefois les corps, on forme à présent les esprits. « C'est

---

(1) Voir *le Trésor de Notre-Dame-la-Grande* par Georges Musset, avec pièces justificatives, dans le volume du Congrès Archéol. tenu à Poitiers en 1903.

(2) Voir *Histoire de l'Hôtel-Dieu de Poitiers* par le docteur Delmas, 1894.

là, dit une jeune Américaine, qu'on s'assimile quelques-uns des bons microbes de la science, qui remplissent l'air de cette vénérable et séculaire cité intellectuelle qu'est Poitiers » (1).

La Cathédrale Saint-Pierre

Naturellement, c'est le plus vaste et le plus superbe édifice religieux de Poitiers.

D'après la tradition, la Cathédrale occupe l'emplacement de la primitive église bâtie, dès l'introduction du Christianisme dans les Gaules, par saint Martial, apôtre du Limousin, du Poitou, et de l'Aquitaine.

Selon les *Annales* de Jean Bouchet, les fondations de la Cathédrale actuelle furent posées en 1162, sous le règne de la fameuse Aliénor d'Aquitaine, comtesse de Poitou, et femme d'Henri II Plantagenet, roi d'Angleterre, son second mari, à qui elle apporta en dot notre belle province.

On commença par le chevet, pour finir par la façade.

Ce chevet mesure à sa base 4 mètres d'épaisseur, et s'élève à 49 mètres de haut, sur 39 de large.

En cinq ans, cette gigantesque mu-

---

(1) *Miss Howard* : Lettre du 31 oct. 1908.

raille était achevée, ainsi que la première travée qu'elle supporte, comme le prouve la date de 1167 inscrite sur la clef de voûte, au fond de la grande nef.

Cette inscription, qu'on a longtemps considérée comme illisible, a été récemment déchiffrée par un membre des Antiquaires de l'Ouest, au moyen de la lecture circulaire des signes disposés à la jonction des nervures de la voûte (1).

Sur la clef de voûte voisine, à droite, on lit, de la même manière, le nom d'ADAM, sans doute le nom de l'architecte.

Après 1167, les travaux marchèrent lentement, à cause de l'occupation anglaise et des guerres incessantes auxquelles elle donna lieu.

Mais ils furent poussés avec activité, sous l'administration d'Alphonse, frère de saint Louis et comte apanagiste du Poitou.

« A la fin du XIII° siècle, les deux travées les plus rapprochées de la façade manquaient encore, et les deux premiers étages des tours étaient seuls achevés. Sous l'épiscopat du B. Gauthier de Bru-

---

(1) *Bull. des Antiq. de l'Ouest*, 3° trim. 1903 : *L'Inscription d'une clef de voûte à la Cathédr. de Poitiers*, par M. l'abbé Bleau.

ges (1272-1301) et du cardinal Arnaud d'Aux (1307-1312), l'œuvre reprit son essor, et elle était à peu près terminée, sauf quelques détails secondaires, quand l'évêque de Poitiers, Bertrand de Maumont, en fit la consécration solennelle, le 18 octobre 1379, fête de saint Luc » (1).

Deux cent dix-sept ans s'étaient écoulés, depuis le jour où un prince anglais en avait posé la première pierre. Quand elle fut consacrée, le Poitou, grâce au preux Duguesclin, était redevenu pour jamais terre française, et avait pour comte apanagiste Jean, duc de Berry, frère de Charles V, qui ne fut pas étranger à la consommation du plus grand et du plus bel édifice de Poitiers.

L'achèvement de la Cathédrale sous Jean de Berry fut sans doute confié aux deux maîtres d'œuvres du prince, Guy de Dammartin et Jean Guérart, qui furent en même temps chargés de construire l'imposant chevet du Palais et la tour annexe de Maubergeon.

Seule la tour nord de Saint-Pierre, tour de l'horloge, ne fut achevée qu'à la fin du xve siècle, sous l'épiscopat de Pierre d'Amboise. Elle porte, au côté

---

(1) A. de la Bouralière : *Guide Archéol.*

droit, comme une aigrette, un élégant clocheton.

« L'ensemble de l'édifice appartient à trois siècles différents, qui ont donné chacun leur caractère particulier à la sculpture décorative, tout en respectant l'unité du plan conçu à l'origine ».

Il est facile de voir, de travée en travée, à l'ornementation des fenêtres, la succession progressive du style roman et du style ogival.

« A l'intérieur, l'immense vaisseau est divisé en trois nefs, qui se prolongent jusqu'au chevet en diminuant de largeur d'une façon presqu'insensible : artifice de construction qui ajoute à l'effet de la perspective, avec l'abaissement des voûtes de la nef centrale, à partir du chœur. »

La Cathédrale de Poitiers a 96 mètres de longueur, sur 38 mètres de large dans la partie occidentale, celle de la façade, et 33 m. 30 dans la partie orientale, celle du chevet.

Les voûtes de la nef centrale ont 29 m. 50 d'élévation ; celles du chœur et des nefs latérales ont seulement 24 mètres.

« L'épais massif du chevet, qui est droit à l'extérieur, se creuse au dedans en trois absidioles peu profondes.

« Les nefs se divisent en huit travées. En face de la cinquième travée s'ouvrent deux croisillons, flanqués d'absidioles prises dans l'épaisseur de la maçonnerie.

« La lumière pénètre en abondance dans les trois nefs, par les fenêtres ouvertes dans les murs des bas-côtés » (1).

C'est même une des rares cathédrales de France où la lumière soit si répandue et où l'intérieur ne soit pas plongé dans une sorte de pénombre.

Les voûtes offrent un beau modèle du style dit Plantagenet, caractérisé par de puissantes nervures posées en diagonale sur l'intrados et par la forme domicale qu'elles présentent.

Les vitraux méritent une attention particulière. Ceux qui existent encore datent du XIII° siècle, et sont composés de mosaïques d'un brillant coloris.

Le plus remarquable est celui du chevet, qui rayonne au fond de la nef centrale. Il représente, dans la principale scène, la crucifixion. Au-dessus, on voit, au milieu d'une auréole, le Christ triomphant, et, dans la partie inférieure, le martyre de saint Pierre, patron de l'église, qui fut crucifié la tête en bas.

---

(1) *Guide Archéol.*

De chaque côté du chœur, certains vitraux ont été systématiquement mutilés, et le panneau inférieur a été remplacé par des verres blancs : pourquoi ? parce que quelques vieux chanoines de la Cathédrale se plaignaient de n'y pas voir assez clair pour chanter l'office.

Et nous appelons barbares les Vandales du ve siècle !

« Lors du pillage de Poitiers en 1562, les protestants détruisirent le jubé, les tombeaux, les tableaux, et autres objets précieux qui ornaient les nefs de la basilique. Dans leur rage dévastatrice, ils oublièrent heureusement les belles stalles du xiiie siècle, qui sont peut-être les plus anciennes de France. Il faut regretter que d'épaisses couches de peinture empâtent leurs sculptures délicates » (1).

Les dévastateurs du 27 mai 1562 s'en prirent aussi, à grands coups d'épée et de massue, aux images des saints qui ornaient les trois portails de la façade. Ce fut une lamentable jonchée de statues mutilées, de pierres broyées, d'œuvres d'art de toute sorte hachées et stupidement anéanties.

En 1569, pendant le siège de Poitiers

---

(1) *Guide Archéol.*

par l'amiral de Coligny, la Cathédrale fut bombardée et menacée dans son existence même. Mais les boulets, lancés de la hauteur des Dunes, vinrent se briser impuissants contre la robuste et inébranlable muraille du chevet, où ils ont à peine laissé leur trace.

Bientôt, l'amiral, n'ayant pu vaincre la résistance des Poitevins, se vit forcé de lever le siège, et alla se faire battre, dans les plaines de Moncontour, par l'armée catholique du duc d'Anjou.

Sur le plateau des Dunes, le rocher, derrière lequel l'assiégeant se tenait abrité, garde encore le nom de *Rocher de Coligny*.

Ce monolithe, droit comme un menhir, n'est autre chose qu'un témoin, intentionnellement laissé par les premiers bâtisseurs de la Cathédrale, pour montrer jusqu'à quelle altitude s'élevait, sur la rive droite du Clain, la masse rocheuse qui leur a servi de carrière d'exploitation et leur a fourni les solides matériaux de leur grande œuvre.

Le maître-autel de Saint-Pierre est en bronze doré, avec émaux d'azur. Il a été inauguré sous le pontificat de Mgr Pie.

Il est couvert d'un baldaquin suspendu à la voûte, et entouré, ainsi que les stalles qui le précèdent, d'une grille artistique, mais dont le dessin nous paraît trop serré.

A droite du chœur, se trouvent la chapelle de paroisse et l'autel du Saint-Sacrement.

Cet autel appartenait, avant la Révolution, à l'ancien couvent des Dominicains, que remplace, en la rue actuelle du Pont-Neuf, l'école Saint-Stanislas.

Le tableau, encadré dans le rétable, représente *saint Dominique instituant le Rosaire*. C'est une œuvre d'art des premières années du xviie siècle. Elle se recommande par la beauté des tons et par la frappante vivacité des physionomies.

Autour d'une table recouverte d'un large tapis, et sur laquelle saint Dominique étale et distribue des rosaires, on voit un pape, un cardinal, des évêques, des rois, des reines, des seigneurs, vêtus du costume et de la collerette qui se portaient à la cour d'Henri IV et de Louis XIII. Ces deux derniers princes sont très reconnaissables à la gauche du saint. On y retrouve aussi les traits de saint Ignace, de sainte Thérèse, et, parmi les prélats groupés à droite, se distingue fort bien la vive et spirituelle figure de l'évêque de Poitiers, Henri-Louis Chasteigner de la Roche-Posay, sous l'épiscopat duquel fut probablement peinte cette toile (1).

Observons, en passant, que ledit tableau est rempli d'anachronismes, puisque saint Dominique, qui vivait au xiii° siècle, est entouré de personnages du xvi° et du xvii°.

Dans la partie supérieure, quinze médaillons représentent les Mystères joyeux douloureux, et glorieux, qui font l'objet de la dévotion du Rosaire.

Derrière le chœur, est adossé au chevet l'autel de la Sainte Vierge. Ce riche autel, aux colonnes de marbre noir et de marbre rouge veiné de blanc, provient de l'ancienne abbaye de la Trinité.

Enfin, à gauche du chœur, au fond de la chapelle latérale, il y a un autre autel, qui appartenait à l'ancien couvent des Capucins (rue actuelle de Blossac).

Ces différents autels, propriété de monastères aujourd'hui disparus, ont été donnés à la Cathédrale Saint-Pierre, au moment du Concordat.

C'est dans cette chapelle de gauche, que se trouve la statue en marbre blanc

---

(1) L'abbé Auber : *Histoire de la Cath. de Poitiers.*

du cardinal Pie, œuvre de Bonnassieux. Le cardinal est représenté, à genoux devant un prie-Dieu, et la tête penchée. Nous eussions préféré le voir debout, dans l'attitude magistrale du grand docteur et du grand orateur qu'il était.

Vers l'extrémité gauche, à l'intérieur de Saint-Pierre, dans la salle du Chapitre, on voit une intéressante galerie de portraits. Ce sont les évêques de Poitiers, depuis le cardinal Simon de Cramaud (1385) jusqu'à nos jours.

Il faut toutefois en excepter Bossuet, l'immortel évêque de Meaux, Fénélon, qui fut seulement évêque nommé de Poitiers, Mgr Braud, archevêque d'Albi, et Mgr de Vareilles évêque de Gap.

Approchez-vous du mur de la troisième travée, quatrième arcature, à gauche. Vous y verrez un dessin ovoïde à lignes entremêlées. C'était en raccourci le plan d'un labyrinthe, qui était sans doute projeté pour le pavage de Saint-Pierre, comme il en existe dans plusieurs cathédrales, notamment à la cathédrale de Chartres.

Quelle était la signification de ces labyrinthes ? était-ce un simple jeu, une fantaisie d'artiste ? ou bien, une figure mystérieuse, pour symboliser les épreuves et le difficile chemin où il faut passer, avant d'arriver au royaume du ciel ?

On ne saurait l'affirmer avec certitude.

« L'ornementation de la Cathédrale est d'une grande sobriété. Il y a lieu cependant d'admirer les élégants piliers, qui s'élancent du sol jusqu'aux voûtes, en faisceaux de colonnes dont les chapiteaux sont gracieusement sculptés.

« Les murs latéraux sont ornés jusqu'à mi-hauteur d'une arcature en plein cintre. La balustrade, protégeant le chemin de ronde, qui règne au-dessus de cette arcature, fut posée en 1770. »

Elle est d'un effet plutôt disgracieux.

Sous la corniche du chemin de ronde, on aperçoit un grand nombre de modillons, où l'imagination de l'artiste s'est donné libre carrière. Ce sont tantôt des têtes d'homme ou de femme, tantôt des figures grimaçantes, des animaux, des outils d'artisan, des objets vulgaires, et même des scènes de pur réalisme.

Les grandes orgues, au-dessus du portail principal, ont vu le jour en pleine Révolution. La pose en fut terminée le 29 novembre 1789, et, après épreuve, elles furent officiellement reçues, le 7 mars 1791, par le Chapitre.

Les premières notes du majestueux instrument ont donc retenti sur les malheurs de l'Eglise de France. Hélas! de nouveaux deuils sont revenus. Mais puisse, un jour prochain, le grand orgue de la Cathédrale faire éclater triomphalement le *Te Deum* d'une ère de résurrection. et, longtemps encore, répandre, sous les voûtes sacrées, ses flots d'harmonie, pour la gloire de Dieu et la pompe des solennités chrétiennes !

« La façade de l'église est la partie du monument la plus riche en sculptures. Elle est ornée de trois portails qui correspondent aux nefs de l'intérieur. Sous leurs gables aigus, quatre rangs de voussures, chargées de statuettes, encadrent des tympans où se déroulent de grandes compositions en haut relief ».

Au portail du milieu, sur trois plans superposés, c'est la résurrection des morts, la séparation des élus et des damnés, et le Christ apparaissant, selon la prédiction évangélique, environné des anges, avec le signe rédempteur de la croix tenu par l'un d'eux.

On voit, parmi les élus, des prélats et des religieux. Mais on en voit également parmi les réprouvés : ce qui prouve la malignité des artisans médiévistes et surtout la tolérance de ceux qui les employaient.

« Le portail de droite représente la scène où le Sauveur confie à saint Pierre le gouvernement de son Eglise, et, au-dessus, la glorification du saint, dont la châsse est exposée à la vénération des fidèles.

« Le portail de gauche encadre la mort de la Vierge et son couronnement » (1).

Avec leurs icônes de pierre et leurs reliefs fortement accusés, ces trois portails ressemblent à un vaste triptyque, travaillé et adorné par les imagiers du moyen-âge.

Les deux côtés de chaque portail étaient garnis de statues, dont on ne voit plus que les dais. Les statues, ainsi que nous l'avons dit, ont été brisées par le marteau des protestants, en 1562, année si néfaste pour toutes les églises de Poitiers.

Allez voir encore quelques sculptures aux chapiteaux de la porte latérale de gauche, appelée porte Saint-Michel, parce qu'elle donnait entrée au clergé de l'ancienne paroisse de ce nom, qui

---

(1) *Guide Archéol.*

dépendait du Chapitre de la Cathédrale et qui existait vers le bas de la Grand-Rue.

Les sculptures de cette porte représentent la *Salutation Angélique*, la *Visitation*, les *Mages devant Hérode* et l'*Adoration de Jésus par les Mages*.

C'est dans la tour du nord que se trouve la sonnerie paroissiale. Elle se compose de cinq cloches, trois grosses et deux moyennes, bénites en 1862 par Mgr Pie.

Les cloches d'avant la Révolution avaient été fondues en 1792, pour être changées en canons et en monnaie de bronze. Pour les remplacer, on avait attribué à la Cathédrale deux cloches de l'abbaye de Nouaillé.

Dans la tour du midi, se trouve le gros bourdon, qui sonne pour les grandes solennités.

Le métal en fut donné par l'évêque Guillaume Gouge de Charpaignes, qui siégea à Poitiers de 1441 à 1449.

Brisé par accident, ce premier bourdon fut refondu en 1734, par ordre de Mgr Foudras de Courcenay. Il donne la note *sol*, et pèse environ 9 mille kilos. Sa circonférence est de 6 mètres. C'est un des plus considérables que possèdent les églises de France.

Il était autrefois sur le sommet de la tour, abrité par une charpente en forme de dôme. Mais, en 1811, un préfet de l'Empire, M. Mallarmé, le fit descendre dans l'intérieur de la tour, sous prétexte que sa voix trop puissante incommodait le voisinage. La préfecture était alors où devrait être toujours l'évêché.

Bien que la Cathédrale de Poitiers ne soit pas généralement classée parmi les plus illustres de France, elle n'en possède pas moins un réel caractère de grandeur et de beauté.

Sa large façade, percée de trois beaux portails, rehaussée d'une somptueuse rosace, surmontée d'un fronton de gothique fleuri, avec, au sommet, un ange et deux jolis clochetons aux arêtes dentelées, flanquée en outre de deux tours à plusieurs étages et arcatures en ogive, est imposante et majestueuse. Que serait-ce, si les tours, qui semblent inachevées, avaient reçu le complément d'une élévation proportionnée à la largeur de leur base ?

Sa longue toiture, vue de profil, ressemble à la carène renversée d'un navire de haut bord.

Mais, ce qui frappe surtout le visiteur, c'est, à l'intérieur, l'ampleur du vais-

6.

sceau et l'impression de sublimité qui s'en dégage.

Tandis que, dans la plupart des autres cathédrales, les nefs latérales sont étroites et sur baissées, de manière à faire valoir davantage la légèreté de la nef médiane, les trois nefs de la Cathédrale de Poitiers sont presque de même largeur et de même hauteur, ce qui donne la sensation d'une immense étendue.

Il faut voir l'intérieur de notre belle Cathédrale par un jour de grande fête, quand une multitude de fidèles, depuis le seuil jusqu'au sanctuaire, s'y assemble à rangs pressés. Le spectacle est magnifique et impressionnant !

Devant la façade, s'étend un vaste parvis, qu'on vient de restaurer avec beaucoup de soin et de goût archéologique.

A droite de la place du parvis, vous apercevez un grand portail que surmontent les armoiries sculptées du cardinal Pie. C'est l'entrée de la demeure que les évêques de Poitiers avaient bâtie dès le xie siècle et amplifiée aux siècles suivants, pour leur usage et celui de leurs successeurs.

Quand la nation, par le décret du 2 novembre 1789, s'empara des biens ecclésiastiques, ce fut à la condition expresse « qu'elle se chargerait de pourvoir aux dépenses du culte, à la subsistance et au logement du clergé ».

Aujourd'hui, selon le mot spirituel d'un de ses prédécesseurs à Napoléon, Mgr l'Evêque de Poitiers pourrait dire à son tour : « Je loge à côté de chez moi ».

Voilà comment l'Etat sait remplir ses engagements ! voilà comment il respecte les droits et la propriété d'autrui !

En terminant cette notice sur la Cathédrale Saint-Pierre, remarquons que son chevet est tourné vers l'orient, et sa façade vers l'occident.

Il en est de même pour toutes les vieilles églises de Poitiers et d'ailleurs qui sont antérieures au XVIe siècle. Cette disposition a cessé depuis l'époque de la Renaissance.

Quand donc vous arrivez, pour la première fois, dans une ville ou dans un bourg, voulez-vous immédiatement vous orienter ?... Si l'église est ancienne, regardez de quel côté est le chevet ou l'abside : c'est l'orient ! — de quel côté est la façade : c'est le couchant !

Quel était le symbolisme de cet usage ?

Les uns ont prétendu que le chevet, tourné vers l'orient, indiquait la direction de Rome ou de Jérusalem, ces deux capitales du Christianisme. Les autres ont supposé, chez les architectes du moyen-âge, une idée plus mystique : celle de figurer l'adorable Fils de Dieu, véritable Soleil levant dont la doctrine est la lumière du monde.

Nous sommes de ce dernier avis.

Au flanc droit de la Cathédrale, entre celle-ci et le Baptistère Saint-Jean, sont deux chapelles. L'une est la chapelle de Saint-Hilaire, l'autre la chapelle de Saint-Martin. Elles sont bâties à l'endroit même où la tradition place la cellule du saint Pontife de Poitiers et celle de son vertueux disciple.

La Cathédrale et ses Conciles

Huit Conciles provinciaux ont été célébrés dans l'enceinte de la Cathédrale, mais de la Cathédrale antérieure à la construction commencée en 1162 par Henri Plantagenet et Aliénor d'Aquitaine.

Le premier Concile fut celui de l'année 999, dont les sessions furent présidées par Seguin, archevêque métropolitain de Bordeaux, assisté de l'évêque de Poitiers Gislebert, des évêques de Limoges, de Saintes, d'Angoulême, et de douze Abbés de monastères.

On y promulgua des canons contre

les seigneurs féodaux qui envahissaient et spoliaient les biens ecclésiastiques.

Le deuxième Concile eut lieu le 13 janvier 1024. On y discuta la question de l'apostolat de saint Martial.

Il ne s'agissait pas, comme l'a recherché la critique moderne, de savoir si saint Martial vint dès le premier siècle évangéliser l'Aquitaine. Ce fait n'était pas alors révoqué en doute. On admettait que saint Martial était l'un des soixante-douze disciples du Christ et qu'il avait été envoyé de Rome dans les Gaules par saint Pierre lui-même. Mais les moines de saint Martial de Limoges avaient été plus loin : ils revendiquaient pour leur patron la qualité d'apôtre.

Jourdain de Laron, évêque de Limoges, dont la cathédrale était placée sous l'invocation de saint Etienne, protomartyr, vit dans cette prétention des moines une menace pour la suprématie de son église.

L'affaire fut portée au Concile de Poitiers. Mais il n'y fut pris aucune décision.

La question fut soumise de nouveau, en 1029, au Concile de Limoges. Là, il fut arrêté qu'à l'avenir l'office de saint Martial serait célébré comme celui d'un apôtre, et on déclara que ceux qui enfreindraient cette décision seraient excommuniés (1).

Le troisième Concile se tint en 1033, sous la présidence d'Isembert Ier, évêque de Poitiers, assisté des évêques de Limoges et de Périgueux, et de plusieurs Abbés. Guillaume IV, comte de Poitou, était aussi présent.

On y prit des mesures pour remédier aux maux de la famine qui, depuis trois ans, désolait la France, et on statua sur les restitutions dues aux églises et aux monastères.

Le quatrième Concile fut célébré trois ans plus tard, en 1036, sous la présidence du même évêque de Poitiers.

On y renouvela, pour le diocèse, les règlements de la *Trêve de Dieu*, bienfaisante institution qui avait pour but d'atténuer la fureur des guerres, en suspendant les hostilités, entre princes et seigneurs belligérants, du mercredi soir au lundi matin.

Le cinquième Concile, tenu en 1073, sous l'épiscopat d'Isembert II, fut présidé par Géraud, évêque d'Ostie, et légat du pape Grégoire VII.

Le 13 janvier, l'assemblée conciliaire

---

(1) Voir l'*Histoire des Comtes de Poitou*, par Alfred Richard, archiviste de la Vienne.

prononça une sentence de condamnation contre l'hérésie de Béranger, archidiacre d'Angers, qui avait attaqué le dogme de la présence réelle du Sauveur dans l'Eucharistie, et qui était venu en personne défendre sa doctrine.

Telle fut la réprobation que cette doctrine, contraire à la foi traditionnelle, excita contre lui, que, au sortir du Concile, le peuple de Poitiers, par un zèle excessif, faillit l'écharper et le mettre à mort.

Plus tard, Béranger désavoua son erreur, et mourut dans l'orthodoxie.

Le 15 janvier 1079, s'ouvrit à Poitiers un sixième Concile, sous la présidence de Hugues, évêque de Die et légat du Saint-Siège.

La tenue de ce Concile empruntait une importance particulière à ce fait que le roi de France avait vivement cherché à y porter entrave. Philippe avait écrit au comte de Poitiers, pour que celui-ci se prêtât à ses manœuvres, et, d'autre part, il avait déclaré aux évêques du domaine royal qu'il les considérerait comme félons, s'ils assistaient à des assemblées dans lesquelles les légats du pape oseraient attaquer son pouvoir et celui des grands du royaume.

Malgré les efforts du roi, le Concile

eut lieu à la date indiquée. Mais tous ses membres étaient loin d'être dans les mêmes sentiments. Le légat arrivait avec des instructions précises du pape Grégoire VII, ayant pour objet la réforme de plusieurs abus dont souffrait l'Eglise. Or ces réformes atteignaient certains membres du Concile, qui se sentirent touchés. C'étaient, entre autres, l'archevêque de Tours, et ses suffragants les évêques de Rennes, du Mans, et d'Angers, qui cherchèrent à s'opposer par la violence aux propositions que les évêques du sud de la Loire accueillaient, au contraire, avec faveur.

Le Concile se réunit dans la Cathédrale de Saint-Pierre. A un moment donné, le désordre devint effrayant. L'archevêque de Tours fit enfoncer, à coups de hache, par ses affidés, les portes de l'église, et la quitta avec ses partisans.

Le légat du pape, ne se sentant plus en sûreté, fixa une seconde réunion à Saint-Hilaire. L'archevêque de Tours se présenta fièrement dans la nouvelle assemblée, et insulta Hugues de Die, qui le suspendit immédiatement de ses fonctions, et infligea le même châtiment à ses suffragants. Nonobstant l'absence de ces évêques et la défection de quelques autres, parmi lesquels on doit compter l'évêque de Poitiers, la réunion put se terminer en paix, et promulgua dix importants canons de discipline ecclésiastique (1).

Le septième Concile s'ouvrit, conformément aux ordres du pape Pascal II, le 19 novembre de l'an 1100, dans la Cathédrale de Saint-Pierre, sous la présidence des cardinaux Jean et Benoît.

C'était une imposante assemblée, comptant, selon les uns, cent quarante membres, selon d'autres, cent quatre-vingts, auxquels furent soumises de nombreuses questions de discipline. Elle promulgua dix-sept canons sur ces matières.

Mais, à côté de ces questions spéciales d'ordre religieux, le pape avait chargé ses légats d'en soulever une autre qui devait avoir un extrême retentissement. Il s'agissait du roi de France, Philippe Ier, et de ses rapports adultères avec Bertrade de Montfort. Une première fois excommunié, le roi avait promis de se séparer de la comtesse d'Anjou. Mais cet engagement n'avait pas été suivi d'exécution, et le pape réclamait une nouvelle sentence.

Quand l'affaire fut soumise à l'as-

---

(1) Même ouvrage.

semblée, le comte de Poitou se leva, et pria instamment les membres du Concile de ne pas donner suite à la demande qui leur était faite contre le roi son seigneur. Des évêques se joignirent à lui. Mais ils ne purent rien obtenir des légats. Alors le comte, remplaçant les prières par des menaces, quitta la Cathédrale, suivi de quelques évêques, de beaucoup de clercs et d'une grande quantité de laïques.

Malgré le trouble qu'occasionna cette violente sortie, le Concile, se considérant comme suffisamment en nombre, vota la formule d'excommunication contre Philippe et Bertrade.

Un homme du peuple, qui se trouvait sur les galeries de l'église, prenant avec ardeur le parti du comte de Poitou, lança une pierre dans la direction des cardinaux. Un clerc, qui se trouvait près d'eux, fut atteint à la tête et jeté à terre. A la vue du sang répandu, le tumulte devint extrême. Mais les Pères du Concile surent garder leur sang-froid. Ils restèrent tranquilles à leur place, et leur courageuse attitude en imposa à cette foule surexcitée.

Il est vrai que, dans leurs rangs, se trouvaient saint Pierre II, évêque de Poitiers, et deux illustres moines, Robert d'Arbrissel, le futur fondateur de

Fontevrault, et Bernard de Ponthieu, alors Abbé de Saint-Cyprien de Poitiers, qui fut ensuite Abbé de Tiron et réformateur de l'Ordre de Saint-Benoît (1).

Un huitième Concile se tint à Poitiers, au mois de juin 1106.

Il fut présidé par Bruno, évêque de Segni en Campanie, et légat du pape Pascal II. Ce Concile réunit tous les évêques de la province et quelques autres des provinces voisines. L'illustre Suger, encore jeune, y assista, ainsi que le prince d'Antioche, Boémond, l'un des héros de la dernière croisade, dont la présence était pour les guerriers et les prélats aquitains un grand attrait de curiosité et un objet de vive sympathie.

Boémond raconta, en termes brûlants, les malheurs des chrétiens de la Terre Sainte, et souleva par son éloquence l'enthousiasme des chevaliers du Poitou.

Enfin, dans les temps modernes, après une période de sept siècles et demi, en 1868, quinzième centenaire de la mort de saint Hilaire, un neuvième Concile s'est tenu à Poitiers, sous la présidence

---

(1) Voir l'*Histoire des Comtes de Poitou*, par Alfred Richard.

du cardinal Donnet, archevêque de Bordeaux, assisté de Mgr Pie et des autres évêques de la province, auxquels vinrent se joindre, pour la clôture, les évêques de la province de Tours, comme pour acquitter, par leur présence, la dette de saint Martin envers son maître saint Hilaire.

Ce Concile a rendu, sur différents points de discipline, d'importantes décisions, et condamné les principales erreurs de la philosophie antichrétienne.

Il s'ouvrit solennellement le dimanche 12 janvier, dans la Cathédrale magnifiquement ornée.

Le 13 janvier, fête de saint Hilaire, le Concile tint une première session en l'église du saint Docteur. Trois jours plus tard, il tint une deuxième session en l'église Saint-Martin de Ligugé, et, le dimanche 19 janvier, il se termina à la Cathédrale, par une grandiose cérémonie, et par des acclamations répétées à la gloire de la divine Trinité, de la Vierge Immaculée, de saint Hilaire, de saint Martin, de sainte Radegonde, ensuite par des vœux pour l'Eglise et son Chef, pour la France, l'Empereur, et ses soldats « invincibles » — hélas ! — pour les pontifes et les membres du Concile, pour la ville de Poitiers, enfin pour tout le clergé et le peuple de la province.

A l'office vespéral, dans la vieille basilique splendidement illuminée, le discours de clôture fut prononcé par Mgr Thomas, évêque de La Rochelle.

Telle est, en raccourci, l'histoire des différents Conciles auxquels la Cathédrale de Poitiers a prêté ses vastes et harmonieuses proportions.

La Cathédrale et ses Evêques

Une Cathédrale est inséparable du Siège épiscopal qu'elle abrite, puisque d'ailleurs le nom de Cathédrale s'identifie étymologiquement avec le Siège lui-même (*cathedra*).

Il est donc à propos de fournir quelques indications sommaires sur les Evêques les plus dignes de remarque, qui ont occupé le Siège de Poitiers.

Or, cet illustre Siège, depuis le premier évêque, nommé saint Nectaire ou Libère, huitième prédécesseur de saint Hilaire, jusqu'à l'évêque actuel, Mgr Henri Pelgé, compte une succession de 117 pontifes.

Huit d'entre eux ont été revêtus de la pourpre cardinalice : ce sont, avec l'année de leur mort, Arnaud d'Aux (1317) — Guy de Malsec (1375) — Louis de Bar (1395) — Simon de Cramaud

(1424) — Jean de la Trémoille (1507) — Gabriel de Gramont (1541) — Claude Longwy, cardinal de Givry (1555) — et Louis-Edouard Pie (1880).

Mais surtout, quinze évêques de Poitiers sont honorés du titre de Saint : ce sont, par ordre chronologique, saint Nectaire, saint Agon, saint Justin, saint Maixent ou Maxence, saint Hilaire, saint Gelais, saint Anthème, saint Pient, saint Paixent ou Pascence, saint Fortunat, saint Emmeran, saint Maximin, saint Pierre II, saint Guillaume Tempier, et le B. Gauthier de Bruges.

Le grand nom, qui plane au-dessus des autres, est celui de saint Hilaire.

Il naquit d'une des familles gallo-romaines du Poitou. D'origine païenne, il se convertit par l'étude et la réflexion au Christianisme. En 353, il fut élu évêque de Poitiers par acclamation du clergé et du peuple. Le nouvel évêque combattit avec ardeur l'hérésie arienne : ce qui lui valut d'être exilé en Phrygie. Dans ses lettres à l'empereur Constance et dans sa protestation contre les agissements d'Auxence, évêque arien de Milan, il revendiqua hautement la liberté religieuse.

Après un exil de quatre ans, il revint

à Poitiers, où son retour fut un triomphe.

Il mourut en 368, et fut enseveli dans l'église qui porte son nom.

Saint Jérôme l'a surnommé, en raison de l'abondance et de la véhémence de sa parole, le Rhône de l'éloquence latine. Il a rendu à jamais illustre le Siège épiscopal de Poitiers.

Saint Gelais, évêque sur la fin du IVe siècle, a laissé, avec son nom, sa mémoire et son culte dans un village, près de Niort.

Vers la même époque, saint Anthème meurt en cours de voyage, à Jonzac, et, vers l'année 550, saint Pient meurt aussi en tournée pastorale, à Melle.

En 507, après la bataille de Vouillé, quand Clovis, vainqueur d'Alaric et des Wisigoths, entra à Poitiers, l'évêque qui accueillit alors le vainqueur se nommait Adelphius.

Saint Venance Fortunat occupa le Siège de Poitiers, de 597 à 609. Italien d'origine, il fut d'abord, avant d'être évêque, chapelain de l'abbaye de sainte Radegonde, à qui il avait voué une respectueuse amitié. Il consacra à la culture de la poésie et des lettres les loisirs de son ministère.

C'est à lui qu'on doit les deux belles

hymnes que l'Eglise chante encore en l'honneur de la Croix, et qu'il composa, en 569, à l'occasion de la réception d'une précieuse Relique envoyée à sainte Radegonde par l'empereur d'Orient.

Fortunat a jeté, sur l'Eglise des Gaules, avant la période du Moyen-Age, un dernier rayon de gloire littéraire.

Vers le milieu du VIIe siècle, Emmeran, évêque de Poitiers, sa ville natale, fut entraîné par son zèle apostolique jusqu'en Germanie. Il évangélisa les bords du Danube, la Bavière, et conquit, près de Ratisbonne, la couronne du martyre.

Le successeur de saint Emmeran fut l'évêque Didon, qui avait pour neveu un jeune leude austrasien, nommé Leodegarius ou Léger. Celui-ci fut successivement archidiacre de son oncle, puis abbé de Saint-Maixent, sur les bords de la Sèvre. Il ne quitta le diocèse de Poitiers, que pour aller cueillir, sur le Siège épiscopal d'Autun et dans la charge de ministre de Childéric, les palmes de la persécution et du martyre. Sa dépouille revint ensuite à Poitiers, et de Poitiers à Saint-Maixent, escortée des prodiges qui signalèrent sa marche triomphale.

En 732, quand Charles Martel, dans

les plaines de Moussais-la-Bataille, eut mis en fuite la légère cavalerie arabe d'Abd-el-Rhaman et sauvé la Chrétienté, l'évêque de Poitiers qui bénit ses armes victorieuses était saint Maximin.

A la fin du xie siècle, saint Pierre II illustra le siège de Poitiers.

C'est lui qui eut l'honneur de recevoir, en sa ville épiscopale, le pape Urbain II, venu pour consacrer, le 22 janvier 1096, l'église abbatiale de Montierneuf.

C'est lui qui fut l'âme de ce Concile de l'an 1100, où fut excommunié le roi de France, Philippe Ier.

L'année suivante, au mois de mars, c'est lui qui distribua la croix bénite à tous les chevaliers et seigneurs du Poitou, qui allaient partir pour la croisade. Ils se trouvèrent au nombre de 30.000, et se placèrent ensuite sous les ordres de Guillaume-le-Jeune, comte de Poitiers. Mais celui ci, pour témoigner son mauvais vouloir à l'égard du prélat, avait refusé de recevoir la croix de ses mains.

Vers la fin de 1113, il arriva que ce même Guillaume-le-Jeune, surnommé aussi Guillaume-le-Troubadour, outrageait, par une union scandaleuse avec la vicomtesse de Châtellerault, la di-

7.

gnité du mariage chrétien. L'évêque de Poitiers se vit, par suite, dans l'obligation de l'excommunier. Or il avait commencé à prononcer en sa cathédrale, devant la foule assemblée, les paroles de l'anathème, lorsque le comte apparut. A la vue de l'évêque, il fut pris d'une violente fureur, le saisit par les cheveux, et, dirigeant vers lui la pointe de son épée, il s'écria : « Tu vas mourir à l'instant, si tu ne me donnes pas l'absolution ! » — Le vaillant pontife, feignant d'être terrorisé par cette menace, demanda un peu de répit ; puis, avec assurance, il acheva la formule d'excommunication, et dit au prince : « Tu peux frapper maintenant, j'ai fini ! » — « Je ne t'aime pas assez, répondit Guillaume, pour t'envoyer en paradis ! » — Et il remit son épée au fourreau. Mais il envoya Pierre II en prison, au château de Chauvigny, et l'intrépide évêque y mourut le 4 avril 1115, laissant après lui un des plus beaux exemples de courage épiscopal.

Son corps fut transporté de Chauvigny à Saint-Cyprien de Poitiers.

Bientôt, vers 1130, Grimoard de Sales inaugure, sur le trône épiscopal de Poitiers, un nom que le saint évêque de Genève devait, cinq siècles plus tard, placer si haut dans l'estime et dans la vénération des peuples.

Grimoard était frère du B. Giraud de Sales, qui mourut en 1141 à l'abbaye des Châtelliers, entre Chantecorps et Fomperron (Deux-Sèvres).

Après lui, vint Gilbert de la Porée, esprit nuageux que les subtilités du réalisme et du nominalisme entraînèrent à des erreurs de langage, que combattit saint Bernard, concernant la nature et les personnes divines, mais cœur aimant et religieux dont tous les contemporains ont célébré les belles qualités et le dévouement à l'Eglise.

Sur la fin de l'année 1162, Jean-aux-Belles-Mains, trésorier de l'église d'York, fut nommé évêque de Poitiers, et sacré par le pape Alexandre III, durant le Concile que tint à Tours le Souverain Pontife, pour les fêtes de la Pentecôte de 1163.

C'est l'année même de sa nomination, que fut commencée la construction de la Cathédrale Saint-Pierre.

Peu après, quand Henri Plantagenet, le royal époux d'Aliénor d'Aquitaine, persécuta l'héroïque chancelier d'Angleterre, Thomas Becket, Jean-aux-Belles-Mains, sans craindre la disgrâce du roi, prit hautement le parti du martyr des libertés ecclésiastiques, en faveur duquel il intervint activement par sa correspondance et ses négociations.

Son successeur, saint Guillaume Tempier, se montra non moins énergique, et comme la domination anglo-normande avait soumis à toutes les vexations du régime britannique notre territoire, Guillaume déploya un courage qui eut sa récompense dans les haines ardentes du pouvoir et dans les célestes faveurs manifestées par d'éclatants miracles sur son tombeau.

En 1241, quand saint Louis vint à Poitiers installer son frère Alphonse, nouveau comte apanagiste du Poitou, et quand il revint, l'année suivante, pour mener contre les Anglais son expédition en Poitou et en Saintonge, qui se termina par la victoire de Taillebourg, c'est Jean de Melun qui était évêque et qui eut l'honneur de lui présenter ses hommages.

En 1278, un humble religieux de Saint-François, Gauthier de Bruges, fut appelé au siège de Poitiers. Il mérita par ses vertus le titre de Bienheureux.

En 1305, sur l'ordre du pape Clément V, mû envers lui par un sentiment d'animosité, Gauthier de Bruges résigna modestement une dignité qu'il n'avait point cherchée. Mais le pape se repentit plus tard de l'en avoir dépouillé. Nous en dirons la cause dans notre article sur l'ancien couvent des Cordeliers.

Saluons le pontife qui bénit, en 1356, avant leur inhumation dans les caveaux des Cordeliers et des Jacobins, les restes des chevaliers morts autour du roi Jean à la bataille de Maupertuis : c'était l'évêque Fortius d'Aux.

Saluons de même celui qui présidait aux destinées de l'Eglise de Poitiers, en 1372, quand Bertrand Duguesclin arracha le Poitou à la domination anglaise, et fit en notre cité une entrée triomphale au milieu de l'allégresse publique : c'était le cardinal Guy de Malsec.

Saluons encore celui qui consacra la Cathédrale, le 18 octobre 1379 : c'était Bertrand de Maumont.

Après ce dernier, le soin du diocèse fut confié, en 1385, à Simon de Cramaud.

En 1391, ce prélat fut nommé, sous l'obédience du pape Clément VII (Robert de Genève), évêque d'Avignon, et patriarche d'Alexandrie.

En 1409, il devint archevêque de

Reims, et fut promu au cardinalat en 1412.

Il fut très activement mêlé aux affaires du grand schisme d'Occident, s'efforça de rendre la paix à l'Eglise, et assista en 1414 au Concile de Constance dont il fut un des personnages les plus écoutés. Ce Concile mit fin au schisme par l'élection de Martin V, et Simon de Cramaud redevint évêque de Poitiers, où il mourut en 1422.

Son tombeau en marbre orna le chœur de la Cathédrale jusqu'en 1562. A cette époque, il fut détruit par les calvinistes.

En 1429, quand Jeanne d'Arc fut amenée à Poitiers par Charles VII, l'évêque Hugues de Combarel fut au nombre des docteurs chargés d'examiner les caractères surnaturels de sa patriotique mission.

Jacques Juvénal ou Jouvenel des Ursins, archidiacre de Paris, président de la Chambre des Comptes, et patriarche d'Antioche, devint évêque de Poitiers, de 1449 à 1456.

Vers la fin d'avril 1453, l'évêque et le corps de ville reçurent avec solennité le roi Charles VII, qui allait à Lusignan, où l'appelait le dénouement du triste procès de l'argentier Jacques Cœur.

Jouvenel des Ursins fut inhumé dans

le chœur de la Cathédrale. Mais son mausolée, comme celui de Simon de Cramaud, fut profané et renversé, en 1562, par les protestants.

Guillaume de Clugny (1479-1481) fut un des conseillers du terrible Louis XI.

Il eut pour successeur Pierre d'Amboise, frère du cardinal qui fut le ministre et le sage conseiller de Louis XII. Pierre d'Amboise a été le constructeur du château épiscopal de Dissais.

En 1562, Jean d'Amoncourt eut la douleur de voir les églises et les chapitres de Poitiers pillés par les hordes protestantes.

En 1565, Charles de Pérusse des Cars, digne membre d'une famille toujours honorée en Poitou, fit restituer au tombeau de sainte Radegonde les reliques arrachées, trois ans plus tôt, par des mains pieuses, à la profanation des protestants, et, en 1569, il soutint avec les milices catholiques le siège de la ville par l'amiral de Coligny.

Le 2 juillet 1577, le roi Henri III fit son entrée à Poitiers, avec la reine. Le roi, placé sous un dais de velours cramoisi, semé de fleurs de lys d'or, garni de franges d'or, et porté par quatre échevins en robes de taffetas, s'avança à travers les rues tapissées, de la porte Saint-

Ladre jusqu'à un carrefour où l'Université l'attendait. Après avoir écouté la harangue du recteur, il fut conduit, par la Regratterie et la place Notre-Dame, jusqu'à la Cathédrale, où il fut reçu par l'évêque Jean du Fay et par le Chapitre.

Le maire alla ensuite chercher la reine, qu'il amena, avec le même cérémonial, à Saint-Pierre, sous un dais de satin blanc, porté par quatre bourgeois.

Puis le roi et la reine furent conduits au Doyenné de Saint-Hilaire, où leur logement était préparé. Leur séjour à Poitiers fut de trois mois.

Le jour de l'Assomption, 15 août, le roi, dans l'église cathédrale, toucha plus de 200 malades atteints des écrouelles, en raison de la croyance populaire, qui attribuait au roi le pouvoir de les guérir.

Le jour de Saint-Michel, 29 septembre, dans la même église, Henri III nomma plusieurs princes à la dignité de chevaliers de l'Ordre de Saint-Michel.

En 1579, Geoffroy de Saint-Belin reçut à Poitiers les magistrats des Grands-Jours, dont le président était Achille de Harlay.

En 1602, il reçut aussi Henri IV et la reine Marie de Médicis. Le dimanche de la Pentecôte, sur la place Saint-Pierre, le roi toucha plus de 1200 malades atteints des écrouelles.

En 1614, le roi Louis XIII vint à Poitiers, où il fut solennellement reçu par Mgr Henri-Louis Chasteigner de la Roche-Pozay, par le Clergé, le Corps de Ville, et l'Université.

En 1634, sous le pontificat du même évêque, eurent lieu les derniers Grands-Jours tenus à Poitiers.

Bientôt, durant les agitations de la Fronde, Mgr de la Roche-Pozay reprit avec honneur l'ancien rôle des évêques défenseurs de la cité. « Il ne recula pas devant l'étrange résolution de substituer le casque et la pique à la mitre et au bâton pastoral, pour maintenir dans la fidélité au roi ses diocésains hésitants. Le tocsin qu'il fit sonner valut aux cloches de la Cathédrale le surnom populaire et pittoresque de *tambours de M. de la Roche-Posay* » (1).

A son insu, il accorda ses faveurs et sa confiance à l'un des futurs défenseurs du jansénisme, au fameux abbé de Saint-Cyran, Duvergier de Hauranne, qui fut quelque temps son grand-vicaire,

---

(1) Ch. de Chergé.

mais alors que nul motif ne pouvait faire suspecter son orthodoxie.

Sous son pontificat, le 2 avril 1643, jour du Jeudi-Saint, eut lieu dans une petite paroisse du diocèse, à Pressac, le miracle eucharistique d'une Hostie conservée intacte au milieu des flammes d'un violent incendie.

En 1660, ce fut Mgr Gilbert de Clérembault qui présida la cérémonie en laquelle Louis XIV, accompagné de la jeune reine Marie-Thérèse et de la reine-mère Anne d'Autriche, posa la première pierre du Carmel de Poitiers (à l'angle du boulevard Solférino et de la rue des Carmélites).

Sur la fin du XVIIe siècle, Poitiers eut pour évêque François-Ignace de Baglion de Saillant, dont la noble race n'est pas éteinte parmi nous.

Au commencement du XVIIIe siècle, Claude de la Poype de Vertrieu administra le diocèse pendant trente années. Ce fut sous ses yeux que le P. de Montfort évangélisa les faubourgs de Poitiers et jeta les premiers fondements de la Congrégation des Sœurs de la Sagesse.

Quand la Révolution éclata, le diocèse de Poitiers était gouverné, depuis 1759, par Martial de Beaupoil de Saint-Aulaire.

Elu député aux Etats-Généraux par le clergé du Poitou, il refusa, devant l'Assemblée Constituante, le serment schismatique à la Constitution civile du clergé, et dit ces nobles paroles : « Messieurs, j'ai soixante-dix ans, j'en ai passé trente-deux dans l'épiscopat, je ne souillerai pas mes cheveux blancs par le serment qu'exigent vos décrets ! »

En conséquence, il partit pour l'exil, et mourut à Fribourg (Suisse), en 1798, généreux confesseur de la foi.

Après les jours troublés de la Révolution, le premier évêque concordataire fut Mgr Luc Bailly, nommé à la fin de 1802. La mort l'emporta prématurément, en moins de deux années, le 12 janvier 1804.

Mais, durant ce court pontificat, c'est lui qui eut le mérite et la gloire de relever les ruines des églises et de restaurer le culte dans les villes et les campagnes du diocèse.

Dominique de Pradt, premier aumônier de l'Empereur, fut sacré à Notre-Dame de Paris, le 2 février 1805, par Pie VII lui-même. Il fut évêque de Poitiers pendant quatre ans, puis devint archevêque de Malines.

Jean-Baptiste de Bouillé fut le chef du diocèse, de 1819 à 1842.

C'est pendant son pontificat, le 17 décembre 1826, troisième dimanche de l'Avent, qu'une croix lumineuse apparut miraculeusement à Migné, vers la chute du jour, durant trente minutes, en présence de milliers de spectateurs.

A Mgr de Bouillé, succéda Mgr André Guitton, qui mourut subitement à Niort, en 1849. Il était né à Aix, en 1797, et sa physionomie, paraît-il, rappelait, d'une manière frappante, celle de Napoléon.

Mgr Louis Edouard Pie, âgé seulement de trente-quatre ans, fut ensuite placé à la tête du diocèse, et le gouverna avec éclat jusqu'en 1880, année où il mourut subitement à Angoulême, le 18 mai.

Par son éloquence, par son autorité, par ses œuvres pastorales, il fut, au XIX° siècle, un des évêques les plus éminents de l'Eglise de France. Ses *Instructions Synodales sur les principales erreurs du temps présent* sont particulièrement remarquables. Il eut, au Concile œcuménique du Vatican, dans les questions de doctrine, un rôle des plus importants. Aussi l'a-t-on souvent appelé le second Hilaire.

Le pape Léon XIII le créa cardinal en 1879.

Enfant de Notre-Dame de Chartres, il garda toujours une tendre piété envers l'auguste Mère de Jésus, et les belles homélies qu'il prononça en son honneur ont permis d'en extraire un *Mois de Marie*, qui est l'un des meilleurs du genre (1).

Enfin, de nos jours, c'est Mgr Henri Pelgé qui régit le diocèse depuis 1894.

Il a fondé l'Ecole Cléricale de Poitiers, l'excellente Maîtrise de la Cathédrale, et instauré dans le diocèse l'Adoration perpétuelle du Saint-Sacrement.

Le malheur des temps l'a rendu témoin de la guerre aux congrégations et à l'enseignement religieux, témoin des injustices, des violences, et des spoliations de la loi de séparation, qui lui enleva son propre Evêché.

Mais, toutes ces tristesses et ces épreuves accumulées, il les supporta avec force d'âme, créa pour les besoins du clergé le Denier du Culte, institua les conseils paroissiaux, et réorganisa, sous le feu même de la persécution, son Grand et son Petit Séminaires.

Puisqu'il a été à la peine, Dieu veuille qu'il soit aussi à l'honneur !...

---

(1) *Mois de Marie d'après la vie et les œuvres du cardinal Pie*, par M. l'abbé Bleau.

La Chapelle du Lycée

Cette chapelle date des premières années du xviie siècle. Elle fut commencée sous Henri IV, en 1608, et achevée, quelques années plus tard, sous Louis XIII.

A l'extrémité sud, elle est flanquée de deux légers campaniles, recouverts en ardoises, et terminés par un lanternon.

A l'intérieur, c'est une œuvre composite, où se rencontrent les styles les plus variés d'architecture, selon la pratique usitée à cette époque par la Compagnie de Jésus, dans tous les monuments religieux qu'elle a édifiés.

Nul n'ignore à Poitiers que la Chapelle et les anciens bâtiments du Lycée actuel ont appartenu d'abord aux Pères Jésuites, qui les occupèrent jusqu'au 1er avril 1762, époque où la haine des Jansénistes et des Parlements fit fermer leurs Collèges, sous le règne de Louis XV.

Du reste, le monogramme du nom de Jésus-Christ, IHS, chiffre d'honneur de la Compagnie, qui se voit encore, en bas-relief, sur la porte principale de la Chapelle, et en lettres d'or, sur le fronton de l'autel et au sommet de la grande voussure du sanctuaire, atteste avec évidence la destination primitive et les premiers possesseurs du monument.

Les voûtes sont de forme domicale et ornées de huit nervures prismatiques. Elles s'appuient sur des pilastres cannelés, aux chapiteaux d'ordre ionique fleuri.

L'ancienne Chapelle des Pères Jésuites est décorée de nombreuses peintures, dont voici l'explication :

La fresque de la grande arcade représente l'adoration du Saint-Sacrement par des anges munis d'instruments de musique, mais dont la pose ne semble pas, au point de vue de l'art comme au point de vue de l'anatomie, absolument irréprochable.

La Sainte Hostie est exposée dans une monstrance ou ostensoir de forme antique.

Les deux fresques, qui décorent à droite et à gauche la voûte du sanctuaire, reproduisent, non sans quelque courtisanerie, deux épisodes de la vie de saint Louis, mais de saint Louis figuré, d'un côté, sous les traits de Louis XIII, et, de l'autre côté, sous les traits de Louis XIV adolescent.

A droite, un ange montre à saint Louis l'orient vers lequel il doit partir en croisade, tandis que d'autres anges portent derrière le saint roi les divers instruments de la Passion du Sauveur.

A gauche, saint Louis distribue des aumônes aux miséreux.

Au-dessous de ces deux fresques, se trouvent deux toiles, encadrées dans une large bordure dorée qui se déroule en circonférence. L'une de ces toiles représente la Transfiguration de Notre-Seigneur, et l'autre sa Mise au tombeau : deux scènes qui se font antithèse et qui symbolisent à la fois la divinité et l'humanité de Jésus-Christ.

Par-dessus les deux portes latérales sont représentés saint Pierre et saint Paul.

Mais, ce qui attire surtout les regards, c'est le magnifique autel ; très luxueux, il est vrai, avec ses applications de cuivre doré, ses glaces brillantes, ses colonnettes de marbre ou d'écaille, son dôme de style byzantin — un peu surchargé cependant, et peu conforme à la sobriété ordinaire du goût français.

Par sa structure générale et par ses détails, cet autel reflète le genre du fameux ébéniste Boule. Les prières liturgiques, imprimées à Poitiers et encastrées sur le tabernacle, lui donnent la date de 1697. Il est donc postérieur au grand retable devant lequel il est placé.

Le dôme du tabernacle forme un édicule, supporté par quatre colonnes droites et autant de colonnes torses. Il est surmonté d'une croix, et abrite un ange doré, qui soutient au-dessus de sa tête un beau crucifix d'ivoire.

La grille de communion, en fer forgé, qui entoure le sanctuaire, est de l'époque et du style Louis XV. Elle date, en effet, de 1755. Dans les cartouches de cette grille, sont figurés le monogramme de Jésus, celui de Marie, et deux fleurs de lys.

Derrière l'autel, apparaît un retable grandiose, qui s'élève jusqu'à la voûte, et qui est à lui seul tout un monument.

Au sommet de ce retable, se trouve un groupe de statues, représentant Notre-Dame-des-Douleurs, avec le cadavre de Jésus sur ses genoux, et sainte Magdeleine à côté, dans l'attitude de la désolation.

La droite et la gauche du retable sont ornées par les statues des quatre évangélistes, avec les animaux symboliques à leurs pieds : saint Matthieu avec l'homme, saint Marc avec le lion, saint Luc avec le bœuf, et saint Jean avec l'aigle.

Ces quatre statues encadrent un vaste tableau, qui représente la Circoncision de l'Enfant Jésus dans le temple de Jérusalem. C'est le jour de la Circoncision que le nom de Jésus fut conféré au Fils de Dieu incarné. Ce sujet rappelle donc, non pas le vocable de la chapelle, car elle fut primitivement dédiée à saint Louis, roi de France, mais le vocable que saint Ignace de Loyola donna à sa Compagnie.

Les deux inscriptions, placées tout en haut du retable, à droite et à gauche, en lettres dorées sur fond noir, se rapportent à la glorification du saint nom de Jésus : *In nomine Jesu omne genu flectatur... Quam admirabile est nomen tuum in universa terra !*

Le tableau de la Circoncision est une œuvre d'art remarquable. Tous les personnages ont une expression en rapport avec leur rôle : Marie qui présente, d'un air si modeste et si recueilli, l'Enfant Jésus — le grand prêtre, en chape et en mitre, qui accomplit la fonction rituelle — et tous les spectateurs, hommes, femmes, jeunes filles, enfants, qui assistent curieusement à la cérémonie.

Cette œuvre est signée du nom de Louis Finson de Bruges, et porte la date de 1615. L'artiste mourut à Amsterdam en 1617. Il s'est représenté lui-même dans notre tableau : c'est le personnage à gauche, portant une toque d'hermine.

Il suffit de considérer les types bouffis

de certains personnages, chantres et hommes du peuple, pour reconnaître aussitôt une toile d'origine flamande (1).

Au reste, le tableau et le retable tout entier ont été offerts à l'ancienne chapelle des Jésuites, par une princesse des Pays-Bas, la princesse Flandrine de Nassau, qui fut abbesse de Sainte-Croix de Poitiers, depuis 1605 jusqu'en 1640.

Que Flandrine de Nassau ait été la donatrice de la superbe toile et du beau retable du sanctuaire, c'est ce qui résulte de nombreux documents historiques, et aussi des armoiries de la princesse qu'on voit à la partie supérieure du retable, tant à droite qu'à gauche. Ces armoiries sont mi-partie de Nassau, et mi-partie de Bourbon-Montpensier. Elles sont de plus entourées d'une cordelière et surmontées de la crosse abbatiale.

La personnalité de Flandrine de Nassau mérite d'être connue.

Cette princesse naquit à Anvers, le 18 août 1579. Elle eut pour père Guillaume de Nassau, prince d'Orange, surnommé le Taciturne, fondateur de l'indépendance des Pays-Bas, qu'il ar-

---

(1) Une excellente reproduction de ce tableau se trouve à Paris, en l'église Saint-Nicolas-des-Champs, dans une chapelle latérale de droite.

racha à la domination de l'Espagne, et pour mère, Charlotte de Bourbon, troisième femme du précédent, et fille de Louis de Bourbon, duc de Montpensier.

Elle fut la cinquième de six enfants. Son père et sa mère étaient des transfuges de la foi catholique, et avaient embrassé l'hérésie protestante. Cependant la jeune princesse reçut le baptême — car ce sacrement n'a pas été répudié par le protestantisme — et on lui donna au baptême le nom patriotique de Flandrine.

A peine âgée de trois ans, la fille de Guillaume de Nassau fut envoyée en France, et confiée à l'abbesse du célèbre monastère du Paraclet, près de Troyes, fondé autrefois par la fameuse Héloïse.

L'abbesse du Paraclet, Jeanne de Chabot, avait passé à l'hérésie, comme la propre mère de Flandrine, et celle-ci, par conséquent, se trouvait exposée à être élevée et à grandir dans la religion protestante. Mais la mort de sa mère, survenue en 1582, et celle de son père, assassiné en 1584, changèrent entièrement le cours de sa destinée.

L'enfant avait pour tante maternelle Jeanne de Bourbon-Montpensier, qui cumulait les deux titres d'abbesse de Jouarre et de Sainte-Croix de Poitiers, mais qui résidait ordinairement dans ce dernier monastère. En vertu des droits que lui conférait sa parenté, l'abbesse de Sainte-Croix réclama à l'abbesse du Paraclet la tutelle de la jeune Flandrine, qu'elle fit venir à Poitiers.

Grâce aux leçons et aux pieux exemples de sa tante, Flandrine, devenue adulte, abjura d'elle-même le protestantisme, fit profession religieuse, et fut nommée en 1605 abbesse de Sainte-Croix, après que sa tante eut résigné en sa faveur cette dernière abbaye, pour ne garder que celle de Jouarre.

Flandrine de Nassau, touchée de la vertu et du dévouement des Pères Jésuites nouvellement établis à Poitiers, mit en eux toute sa confiance, et les appela à la direction spirituelle de son monastère.

De là les généreuses libéralités dont elle les favorisa, en témoignage de sa reconnaissance, et particulièrement le splendide retable et le tableau artistique dont elle enrichit le sanctuaire de leur Chapelle.

A l'entrée de cette Chapelle, au-dessus des trois arcades qui supportent la tribune, six bas-reliefs représentent des femmes assises aux écoinçons et gracieusement penchées sur la courbure de l'arc.

De ces six femmes, deux portent les emblèmes des vertus théologales, et quatre les emblèmes des vertus cardinales.

La chaire, placée au milieu de la Chapelle, sur le flanc droit, ne devrait pas être ici : car elle appartient à l'ancienne abbaye de Nouaillé.

Le grand Crucifix, sculpté en bois, qui fait face à la chaire, est l'œuvre d'un artiste poitevin, M. Hivonnait, et fut posé en 1845.

Un des actes les plus mémorables qui ont eu lieu dans la Chapelle du Lycée, c'est la réunion des trois Ordres du Poitou, pour l'élection des députés aux Etats-Généraux de Versailles.

Cette réunion dura depuis le 17 mars 1789 jusqu'au 28 mars inclusivement.

Les électeurs étaient au nombre d'environ 3000, assemblés sous la présidence de M. d'Espaligny, grand sénéchal, vêtu d'un habit noir, manteau court, grande cravate, chapeau couvert de plumes à la Henri IV, et l'épée au côté. Le lieutenant-général de la sénéchaussée et le procureur du roi étaient en robe rouge (1).

Pendant les jours troublés de la période révolutionnaire, la Chapelle eut le triste sort de servir parfois aux séances les plus anarchistes, et à la célébration des fêtes décadaires, consacrées par le calendrier républicain, fêtes de la jeunesse, de la famille, de la liberté, de la constitution, etc.

C'est alors qu'on effaça les fleurs de lys, dont on voit encore la trace, sous la corniche de la tribune, entre les consoles et les triglyphes, ainsi que sur les deux vantaux de la porte intérieure.

Tandis que ces profanations s'accomplissaient, les pièces de l'autel, préalablement démontées, avaient été mises en dépôt dans les combles du Collège.

Espérons que ces mauvais jours ne reviendront plus !

Une petite croix, gravée au ciseau sur la marche du sanctuaire, à gauche, indique l'endroit où un malheureux ouvrier, en tombant d'un échafaudage, se brisa le crâne, lorsqu'on fit en 1845 des travaux de restauration aux peintures de la voûte.

---

(1) *Bull. des Antiq. de l'Ouest*, 3ᵉ trim. 1906 : *Correspondance du temps adressée à M. Delalain.*

L'ancienne Chapelle des Jésuites a son complément dans une très belle sacristie, dont les murs et le plafond sont décorés de magnifiques sculptures sur bois, encadrant toute une galerie de tableaux.

Ces délicates sculptures représentent, soit des guirlandes de feuilles de chêne, soit les insignes de la royauté, la couronne, le sceptre fleurdelisé et la main de justice, croisés en sautoir et noués ensemble par la décoration du Saint-Esprit, soit les monogrammes du Christ et de Marie, soit des têtes d'anges surmontant des palmes.

Les tableaux retracent les principaux épisodes de la vie du Sauveur, l'*Annonciation*, la *Nativité*, l'*Epiphanie*, la *sainte Cène*, l'*Agonie*, la *Descente de croix*, la *Résurrection*, et, au centre du plafond, le sujet triomphal de l'*Ascension*.

La *Nativité* et l'*Agonie* sont des toiles entièrement renouvelées en 1845. Les peintures primitives avaient été dégradées par le temps.

Entre les fenêtres, sont les portraits de *S. Ignace* et de *S. François Xavier*, les deux gloires de la Compagnie de Jésus.

Il y a aussi, suspendu à l'un des murs, un petit tableau, qui représente *la profession religieuse d'un bénédictin*, en présence de tous les compagnons que le nouveau moine a laissés dans le siècle.

Près de la porte d'entrée, dans un angle, ne passez pas sans examiner le charmant groupe de la *Fuite en Egypte*, si plein de naturel et de grâce candide.

Remarquez aussi, dans le vestibule de la sacristie, une peinture sur bois, qui provient de l'ancienne église de la Trinité, et qui fut offerte à cette église, en 1603, par la corporation des maîtres tailleurs de Poitiers. Quatre d'entre eux, portant leur costume de cérémonie, sont représentés aux deux angles inférieurs du tableau. Les ciseaux, insigne de la corporation, sont figurés dans un ovale.

Pendant la Révolution, la sacristie fut transformée en cabinet de physique et d'histoire naturelle.

Dans la cour d'honneur du Lycée, il faut aller voir le superbe pavillon que les Pères Jésuites firent édifier à l'entrée de leur ancien Collège.

Ce pavillon a deux étages, et se termine par un dôme surmonté d'un campanile.

Parmi les sculptures du frontispice, on remarque surtout celle du portail, de style corinthien et renaissance; puis, une niche en coquille, abritant le buste d'Henri IV, qui sourit en sa barbe et sa collerette de pierre ; et enfin, le médaillon en profil de Louis XIV, entre deux corbeilles de fleurs.

Ce médaillon tient l'ancienne place d'un écusson aux armes de France. Quant au buste d'Henri IV, il a remplacé la statue du Sauveur, qui s'y trouvait primitivement.

Ce buste est accompagné de la date de 1608, comme étant celle de la fondation du Collège. Mais cette date est inexacte, puisque les lettres patentes d'Henri IV, autorisant les Jésuites à établir un Collège à Poitiers, furent données à Fontainebleau, le 7 août 1604 (1).

Nous ne parlons point du Lycée moderne : il est sans cachet d'architecture.

Avant de mettre fin à cette esquisse, nous ne pouvons omettre de rappeler les noms de deux Jésuites, professeurs au Collège, le P. Garasse et le P. Desmier, qui furent victimes de leur dévouement, pendant le fléau qui désola Poitiers en 1631.

Depuis le mois d'avril 1628, la peste sévissait. Mais, au mois de mai 1631, le

---

(1) Voir *les Jésuites à Poitiers*. thèse de doctorat par Joseph Delfour, 1901.

terrible fléau se manifesta avec une plus grande intensité. Il y eut, à l'Hôpital-des-Champs, jusqu'à 400 malades à la fois, et, dans l'espace de huit mois, 2500 pestiférés y périrent.

Parmi les victimes du fléau, il y eut neuf chirurgiens, et beaucoup de religieux, Augustins, Capucins, Carmes, et Jésuites.

De ces derniers, l'un, le P. Garasse, est connu par la violence de ses discussions littéraires. Mais sa mort héroïque le recommande surtout à notre souvenir.

On a prétendu que le P. Gresset, le facétieux auteur de *Vert-Vert*, fut quelque temps professeur au collège de Poitiers (1).

Dans le parloir du Lycée actuel, sont inscrits, en lettres d'or, sur un tableau d'honneur, les noms des anciens élèves qui sont morts en combattant pour la France.

Voici leur liste glorieuse :

Camignac-Descombes (Guerre de Crimée)
Clot Ernest-Armand   id.
Fourcade Prosper   id.
Masse Charles   id.
Gagniard Eugène   (Algérie)

---

(1) Voir Mennechet : *Cours de Littérature.*

Belot Edmond　　　　(Guerre de 1870-71)
Grivet Camille　　　　id.
Magne Armand　　　　id.
De Mascureau Tite　　id.
De Mascureau Alban　id.
De Mondion Ernest　　id.
Robert Paul　　　　　id.
Savin de Larclause Benjamin (Cochinch.)
Coindé René　　　　　(Madagascar)

Le Palais de Justice

De l'architecture religieuse, nous passons à l'architecture civile.

En ce genre d'architecture, notre métropole du Poitou montre avec fierté son Palais de Justice.

Ce vaste monument est situé sur le point culminant du plateau où s'étage la ville de Poitiers.

Le voyageur qui arrive de la gare doit gravir d'abord la voie d'accession, puis la rue Boncenne, qui porte le nom d'un éminent avocat et jurisconsulte de Poitiers, mort en 1840. Il longe ensuite à gauche, l'Hôtel du Palais, où apparaissent en cariatides les bustes de plusieurs hommes célèbres du Poitou, et arrive en face d'un haut et large escalier de granit, que domine un péristyle grec à fronton triangulaire : c'est le Palais de Justice.

Après avoir franchi ce péristyle, bâti en 1820, on entre dans une immense enceinte, la salle des Pas-Perdus, qui a 49 mètres de long, sur 17 mètres de large.

Elle est abritée par une belle charpente, qui étale à découvert la forêt de ses longues et nombreuses poutres, où l'araignée ne tisse jamais sa toile.

De légères arcatures, en plein cintre d'un côté, et en ogive de l'autre, garnissent les murs jusqu'à la naissance des chevrons.

« Mais bientôt l'attention est absorbée par la superbe muraille du fond, qui a été reconstruite par le frère du roi Charles V, Jean de Berry. Là, c'est un autre art, c'est le gothique flamboyant, qui a dépensé toutes ses richesses et toutes ses fantaisies.

« Un palier, auquel on accède par un escalier de dix marches, précède trois vastes cheminées juxtaposées, ayant chacune leur âtre et leur tuyau particulier, mais réunies sous le même manteau.

« De beaux écussons sculptés et portés par des anges soutiennent cet entablement », augmenté d'une balustrade qui forme balcon. « Ces écussons ont été refaits en partie, et ne sont pas conformes aux originaux surchargés de fleurs de lys ».

« Trois riches fenêtres, à arcades trilobées, découpent à jour toute la muraille : elles sont surmontées d'un second rang d'ouvertures d'une facture plus sobre. Deux tourelles d'escaliers en saillie encadrent cette œuvre grandiose.

« Entre les tympans des fenêtres, on aperçoit quatre statues, qui sont elles-mêmes des œuvres d'art remarquables » (1).

D'après M. Lucien Magne, Inspecteur général des Monuments Historiques, ces statues couronnées représentent le duc de Berry et Jeanne, comtesse de Boulogne et d'Auvergne, sa seconde femme, puis le roi Charles VI, et sa jeune femme, la trop fameuse Isabeau de Bavière (2).

Le monument auquel appartient cette superbe salle a été construit sur un édifice romain primitif, comme le démontrent les substructions de l'enceinte gallo-romaine, sises à proximité, que les fouilles de 1904 ont mises à nu, dans le square du chevet méridional.

Quand la domination romaine eut succombé sous le flot des invasions barbares, les rois Wisigoths s'installèrent au milieu des ruines, à la place des consuls et des préteurs.

Au IXe siècle, le Capitole romain, res-

---

(1) A. de la Bouralière : *Guide Archéol.*
(2) Lucien Magne : *Le Palais de Justice de Poitiers*, 1904.

tauré ou reconstruit, était devenu un palais royal, et Louis le Débonnaire, fils et successeur de Charlemagne, y signa plusieurs chartes en 840.

Puis, aux xe et xie siècles, ce Palais devint la résidence des comtes de Poitou, Guillaume Tête d'Etoupe, Guillaume Fier-à-Bras, Guillaume le-Grand, etc., qui marchaient de pair avec les premiers rois de la race capétienne. L'Italie offrit même au dernier la couronne impériale, qu'il eut la sagesse de ne pas accepter.

Vers la fin du xie siècle, ce fut Guy-Geoffroy-Guillaume qui fit construire, en style composite de transition, où le plein cintre se mêle à l'ogive, la *Grande Salle des Gardes*, aujourd'hui transformée en *Salle des Pas-Perdus*.

Ainsi que nous l'avons dit antérieurement, on doit à ce même duc d'Aquitaine la construction de l'abbaye et de l'église de Montierneuf.

Au xiie siècle, le Palais de Poitiers fut occupé par Henri Plantagenet et la célèbre Aliénor, sa femme, et par leurs deux fils, les princes anglais Richard Cœur-de-Lion et Jean-sans-Terre.

Mais, au siècle suivant, en 1241, saint Louis y vint lui-même installer, en qualité de comte apanagiste du Poitou, son frère Alphonse.

C'est dans l'enceinte de ce Palais, qu'Hugues de Lusignan, comte de la Marche, à l'instigation de sa femme, l'orgueilleuse Isabelle d'Angoulême, refusa insolemment, une veille de Noël, l'hommage au comte Alphonse, son suzerain. Mais ensuite, après sa défaite, l'arrogant vassal dut venir humblement tête nue, sans épée et sans éperons, accompagné de sa femme, implorer son pardon, dans le lieu même où il avait outragé son prince.

A cette époque, le Palais était entouré par de profondes et larges douves, qui étaient, dit-on, alimentées par les vieux aqueducs romains. Peu à peu, ces fossés ont été taris, puis comblés, et ont fait place à des rues circulaires, bordées de boutiques et de maisons.

C'est au Palais de Poitiers que le Parlement de Paris fut transféré par Charles VII, pendant la durée de l'occupation anglaise.

Mais on a dit à tort que « Jeanne d'Arc y fit reconnaître sa divine mission par les docteurs chargés de l'interroger ».

La *Chronique de la Pucelle* déclare positivement que les docteurs et théologiens se rendirent, pour procéder à leurs divers interrogatoires, en la maison que Jeanne occupait, c'est-à-dire à l'Hôtel de la Rose, rue actuelle de la Cathédrale, 53.

Le Parlement exerçait la justice et tenait ses séances dans les salles du Palais. Il n'eut pas à intervenir dans l'examen de la Pucelle.

Le 5 juin 1453, le célèbre argentier de Charles VII, Jacques Cœur, victime d'accusations odieuses et de l'ingratitude royale, comparut au Palais, où il fut contraint de faire amende honorable, à genoux, une torche à la main, devant le procureur général du roi.

Brûlé par les Anglais en 1346, le Palais fut rebâti vers la fin du XIV° siècle, par le duc de Berry, qui fit élever, avec tant d'art et de luxe, la cheminée monumentale dont nous avons parlé, et le chevet extérieur, dont on admire, de la rue des Cordeliers, la haute et imposante architecture, avec ses contreforts couronnés d'élégants pinacles, ses pignons dentelés, et ses deux tourelles en encorbellement.

Un ouragan terrible emporta, en 1598, une partie de la charpente, et, en 1665, la moitié de la couverture de la grande salle tomba par l'effet d'un nouvel orage. Des réparations furent ordonnées, l'année suivante, par un édit de Louis XIV (1).

La charpente qu'on voit actuellement a été reconstruite en 1861-62. Coût du travail : 73.000 fr.

Le duc de Berry ne se borna pas à la reconstruction du chevet méridional. Il y ajouta le donjon flanqué de quatre tours, que l'on voit à côté, et qui se nomme la Tour de Maubergeon.

Grâce aux documents qu'a recueillis M. Magne, on sait que les travaux furent dirigés par le grand architecte du duc de Berry, Guy de Dammartin, et par son collaborateur, Jean Guérart.

L'intérieur de la Tour Maubergeon renferme une jolie chapelle gothique, et les diverses faces de ce manoir féodal sont percées de gracieuses fenêtres de même style.

Le pourtour était orné primitivement de dix-sept statues, dont on voit encore les culs-de-lampe garnis de deux anges tenant des écussons.

Ces statues représentaient probablement les seigneurs du Poitou dont les fiefs relevaient de la Tour Maubergeon.

---

(1) *Bull. des Antiq. de l'Ouest*, séance du 18 mai 1860 : Notice par M. Pilotelle, conseiller à la Cour.

Quatorze d'entre elles sont encore debout, mais non sans mutilation.

Le plus haut étage de l'édifice est également mutilé, et même rasé.

A quelle époque faut-il attribuer ces dégradations excessivement regrettables ? On l'ignore.

Mais heureusement qu'aujourd'hui on vient de restaurer, d'une manière très artistique et très soignée, l'œuvre si intéressante de Jean de Berry et de Guy de Dammartin.

Espérons qu'avec le temps, on poursuivra cette habile restauration jusqu'au couronnement de l'édifice, tel qu'il était en sa première jeunesse, et jusqu'au dégagement complet des maisons qui l'enserrent et le masquent en partie, du côté de la rue du Marché.

Ce sera alors un des monuments qui honoreront le plus notre vieux Poitiers, et la résurrection d'une de nos plus nobles antiquités nationales, d'un des plus beaux types de l'architecture civile en France, à l'époque du moyen-âge.

L'antique Palais des Comtes du Poitou devint en 1552 le siège d'un Présidial, fondé par Henri II.

« Considérant le Roy que la ville de Poictiers estoit grande, spacieuse, et la plus ancienne du Poictou, et aussi qu'en icelle y avoit Université fameuse, advocats et procureurs en grand nombre, sçavants et expérimentés, et où justice étoit administrée bien et diligemment, et autant à moindre frais qu'en ville de France... le Roy ordonne qu'audit Poictiers seroit establiy le siège présidial dudit Poictou, douze conseillers, et un greffier. Auquel siège présidial ressortira le siège dudit Poictiers, la conservation des privilèges de l'Université dudit lieu, et les sièges de Lusignan, Châtelleraud, Montmorillon, la Basse-Marche et Le Dorat, Fontenay-le-Comte, Nyort, Civray, et Saint-Maixent » (1).

Le Palais de Poitiers a également servi à la tenue des Grands-Jours.

Les Grands-Jours étaient des assises extraordinaires, où siégeaient des commissions de juges, tirés des Parlements et spécialement délégués par le roi, pour remédier aux brigandages, aux désordres et aux abus, que la justice provinciale laissait trop souvent impunis ou que les temps de trouble avaient occasionnés.

Dix fois ces solennités judiciaires se renouvelèrent à Poitiers, savoir en 1364,

---

(1) Jean Bouchet : *Annales d'Aquitaine.*

en 1372, en 1396 en 1405, en 1454, en 1519, en 1531, en 1567, en 1579, et en 1634.

Les Grands-Jours de 1579 eurent pour président Achille de Harlay, et pour avocat général Barnabé Brisson, qui vinrent à Poitiers avec quatorze conseillers du Parlement de Paris.

Les conseillers au Présidial de Poitiers, et les officiers du Corps de Ville, conduits par le maire Scévole de Sainte-Marthe, allèrent jusqu'à Buxerolles, au-devant de Messieurs des Grands-Jours, qui avaient dîné au château de Dissais, chez l'évêque de Poitiers Geoffroy de Saint-Belin.

L'ouverture solennelle de la session eut lieu au Palais, le 9 septembre, après la célébration d'une grand'messe du Saint-Esprit dans la grande salle.

Pendant les deux mois et demi que dura la session, les magistrats réformèrent de nombreux abus, et déployèrent contre les coupables traduits à leur barre une juste et énergique sévérité.

Les Grands-Jours avaient attiré à Poitiers les meilleurs avocats du Parlement de Paris, tels que Loysel, Mangot, Chopin, Turnèbe, Pierre Pithou, Etienne Pasquier.

Or, avocats et magistrats, pour faire trêve à la gravité de leurs fonctions, se livrèrent à de poétiques galanteries, disons même à de ridicules badinages, comme celui de la puce, dont ils égayaient la société poitevine, en particulier le salon de Madeleine et de Catherine Desroches, toutes deux, la mère et la fille, femmes de beaucoup d'esprit, de littérature, et de beauté (1).

Les derniers Grands-Jours, ceux de 1634, furent présidés par Tanneguy Séguier, et eurent pour avocat général Omer Talon. De toutes les sessions qui se tinrent à Poitiers, celle-ci fut la plus longue, et dura au-delà de quatre mois (2).

Les magistrats décrétèrent de prise de corps 223 gentilshommes, parmi lesquels plusieurs, convaincus de crimes, furent condamnés à mort et exécutés.

Depuis le Consulat (loi du 18 mars 1800), l'ancien Palais du duc de Berry est devenu le siège d'une Cour d'appel, dont le ressort s'étend aux départements

---

(1) Voir, dans les *Mém. des Antiquaires de l'Ouest*, 1841, le *Salon de Mesdames Desroches aux Grands-Jours*, par Jules de la Marsonnière.

(2) *Mém. des Antiq. de l'Ouest*, 1854 : *Discours sur les Grands-Jours*, par M. Faye conseiller à la Cour de Poitiers.

de la Vienne, des Deux-Sèvres, de la Vendée et de la Charente-Inférieure.

La grande salle des Pas-Perdus est souvent utilisée pour des cérémonies publiques.

C'est là que se fait, chaque année, au milieu de trophées de drapeaux, la distribution des prix aux élèves du Lycée et aux enfants des écoles communales. Son ampleur et son décor architectonique se prêtent merveilleusement à ce genre de solennités.

Au cours du dernier siècle, on y célébra fréquemment des banquets, des congrès régionaux, des concerts, etc.

Enfin, après la guerre de 1870-71, on y logea les malheureux débris de nos régiments de mobiles, décimés et désorganisés par la défaite.

Dieu nous préserve de revoir ces jours de tristesse et de deuil !

Des paroles éloquentes ont souvent retenti, à l'époque moderne, dans les salles d'audience de notre Palais de Justice.

Nous devons citer, parmi les orateurs du barreau de Paris, Berryer, Jules Favre, Waldeck-Rousseau, et, parmi ceux du barreau de Poitiers, Boncenne, Bourbeau, et Ernoul.

A notre barreau contemporain de se

montrer digne de ces illustres devanciers !

La Maison de Jeanne d'Arc

Quand Jeanne d'Arc la bergerette vint de Domrémy et de Vaucouleurs à Chinon, pour communiquer à Charles VII la mission qu'elle avait reçue de Dieu, celle de délivrer Orléans, et ensuite de le faire sacrer à Reims, le Roi, tout en lui donnant sa confiance personnelle, résolut, pour plus de garantie, de la conduire lui-même à Poitiers, afin de l'y faire examiner par une Commission de théologiens et de docteurs.

D'après les indications fournies par la *Chronique de la Pucelle*, le cortège royal quitta Chinon vers le 16 mars 1429, et se rendit à Poitiers, par étapes, en suivant les bords de la Vienne et du Clain.

Il entra dans nos murs par la porte nord, qu'on appelle actuellement Porte-de-Paris, et se dirigea vers le sommet de la ville, après avoir laissé, à gauche, le Château-Fort, qui se dressait au confluent du Clain et de la Boivre, sur la place actuelle du Pont-Guillon.

Ce Château-Fort avait été édifié par les soins de Jean de Berry, qui était animé de la noble passion de bâtir. Il fut construit quelques années avant le magnifique chevet du Palais et la Tour-Maubergeon, c'est-à-dire en la dernière moitié du xive siècle. Il était de forme triangulaire, avec créneaux au-dessus des remparts, et, aux trois angles, trois tourelles à toiture aiguë (1).

Pendant son séjour à Poitiers, le Roi, avec sa suite, vint loger dans ledit Château.

Quant à la Pucelle, elle fut confiée à la garde de la femme de Messire Jean Rabateau, avocat général au Parlement de Paris, Parlement transféré à Poitiers, depuis que la capitale était au pouvoir des Anglais.

La demeure de l'avocat général se nommait l'*Hôtel de la Rose*. Elle était située au centre de la ville, dans la rue actuelle de la Cathédrale, 53, au débouché de la petite rue Scévole de Sainte-Marthe, à quelques pas du vaste et somptueux Palais des Comtes du Poitou, où siégeait le Parlement.

On a longtemps ignoré l'emplacement

---

(1) Voir un dessin conservé au *Musée des Augustins de la Société des Antiquaires*, rue Victor-Hugo, 9, et un autre dessin tiré du *Livre d'Heures de Jean de Berry*, dans *Paysages et Monuments du Poitou* illustrés par J. Robuchon.

exact de la maison où séjourna Jeanne d'Arc.

Jusqu'en 1892, on pensait qu'elle était sise à l'angle de la Grand'Rue (autrefois, en sa partie supérieure, rue Saint-Etienne) et de la rue Arsène-Orillard (autrefois rue du Petit-Maure) (1).

Cette supposition s'appuyait sur une fausse interprétation de ce passage des *Annales d'Aquitaine* :

« J'ay ouy dire en ma jeunesse, raconte Jean Bouchet, et dès l'an 1495, à feu Christophe du Peyrat, lors demeurant à Poictiers et près ma maison, qui avoit près de cent ans, qu'en ma dite maison y avoit eu hostellerie, où pendoit l'enseigne de la Rose, où ladite Jeanne estoit logée, et qu'il la vit monter à cheval, toute armée à blanc, et me montra une petite pierre. qui est au coin de la rue Saint-Estienne, où elle prit advantage pour monter sur son cheval ».

Cette prétendue pierre ou borne, qui servit de montoir à Jeanne d'Arc, quand elle partit pour la délivrance d'Orléans, a été transportée, en 1825, au Musée de la ville, où on la conserve religieusement.

Mais, depuis cette époque, il s'est

---

(1) Voir Ch. de Chergé : *Guide du Voyageur à Poitiers*.

produit un fait nouveau : c'est la découverte de M. Bélisaire Ledain.

Guidé par la pensée que « tout ce qui se rapporte de près ou de loin à la merveilleuse histoire de Jeanne d'Arc provoque invinciblement l'intérêt et excite la sympathie », ce savant antiquaire, à force de compulser les parchemins poudreux des Archives de la Vienne et les actes notariés remontant jusqu'au xve siècle, est parvenu à déterminer, par les arguments les plus solides et les plus concluants, l'endroit précis où se trouvait l'ancien Hôtel de la Rose, et à identifier cette vieille maison poitevine avec le n° 53 de la rue actuelle de la Cathédrale (1).

M. Ledain a cherché d'abord quelle était la rue Saint-Etienne au xve siècle. Or cette rue n'était autre que la rue actuelle de Sainte-Marthe, qui allait directement à l'ancienne église Saint-Etienne et formait avec la Grand'Rue actuelle un angle droit.

Cette Grand'Rue, dans sa partie supérieure, depuis la rue Sainte-Marthe jusqu'à la rue Arsène-Orillard, se nom-

---

(1) *Bull. des Antiq. de l'Ouest*, 1er trim. 1892

mait aussi rue Saint-Etienne, parce qu'elle aboutissait également à l'église paroissiale de ce nom. De là la confusion en laquelle étaient tombés beaucoup d'archéologues.

Mais ensuite, par des textes et des documents irréfutables, par l'énumération complète de tous les propriétaires successifs, M. Ledain a prouvé que l'Hôtel de la Rose était situé dans la rue actuelle de la Cathédrale, en face de l'ouverture de la petite rue Sainte-Marthe, anciennement appelée rue Saint-Etienne.

C'est donc à l'angle de cette dernière rue que Christophe du Peyrat vit la pierre d'où Jeanne d'Arc, toute armée à blanc, prit avantage pour monter à cheval.

Il en résulte que le bloc de granit noir, recueilli en 1825 au coin de la Grand'Rue et de la rue Orillard, qu'on conserve au Musée municipal de Poitiers, est une fausse relique et le faux montoir de la Pucelle.

A la suite de la remarquable et importante découverte de M. Ledain, la Société des Antiquaires de l'Ouest fit placer sur la Maison de Jeanne d'Arc, une plaque commémorative de marbre blanc, avec l'inscription suivante, gravée en lettres rouges et en caractères romains :

ICI ÉTAIT
L'HOTELLERIE DE LA ROSE.
JEANNE D'ARC Y LOGEA
EN MARS 1429.
ELLE EN PARTIT POUR ALLER DÉLIVRER
ORLÉANS
ASSIÉGÉ PAR LES ANGLAIS.

« Désormais, Poitevins, dirons-nous avec l'éminent auteur de cette trouvaille archéologique, lorsque vous passerez dans la rue de la Cathédrale (ancienne rue Notre-Dame-la-Petite) devant la rue Sainte-Marthe (ancienne rue Saint-Etienne), saluez cette humble maison, transformée et oubliée depuis si longtemps. Ce n'est plus l'Hôtel de la Rose du xve siècle. Rien ne la distingue, elle n'a ni style ni caractère. Mais c'est là que s'est préparé l'événement le plus extraordinaire de l'histoire de France, j'oserais même dire de toute l'histoire. Là, une jeune paysanne, pauvre et ignorante, mais animée d'une foi sublime, d'un ardent patriotisme, d'une confiance surhumaine, a confondu, par son bon sens et son assurance ferme et naïve, les docteurs les plus savants et les plus subtils. Là, elle a triomphé de l'habileté des politiques et du scepticisme des puissants... Là, elle a soulevé l'enthousiasme populaire, relevé les courages, affirmé sa mission libératrice, et donné le signal de la victoire !

« Ce glorieux souvenir ne doit pas seulement demeurer ineffaçable dans vos cœurs. Il faut aussi le graver sur ce vieil Hôtel de la Rose qui abrita Jeanne d'Arc... En rendant ainsi hommage à celle qui apporta le salut à la France, vous accomplirez un devoir patriotique, vous prouverez que votre ville est fière à juste titre d'avoir été le théâtre du fait le plus notable et le plus émouvant des annales poitevines ! »

Ainsi que nous l'avons dit, la Société des Antiquaires a réalisé le vœu de l'honorable M. Ledain.

Une question subsidiaire, mais intéressante, qui se rattache à la Maison où logea Jeanne d'Arc, est celle de la durée de son séjour parmi nos aïeux.

Or il a été démontré (1) que la jeune fille demeura à Poitiers environ quatre semaines, du 17 mars à la mi-avril 1429.

La fête de Pâques tombait, cette année-là, le 27 mars. C'est donc parmi les bons Poitevins, nos pères, que Jeanne

---

(1) *Bull. des Antiq. de l'Ouest*, 1er trim. 1907 : Etude par M. l'abbé Bleau.

passa les jours de la grande Semaine Sainte, et qu'elle fit, avec recueillement et ferveur, en bonne chrétienne qu'elle était, sa Communion Pascale, probablement en l'église Notre-Dame-la-Petite, sa paroisse d'occasion.

Nul doute aussi que, durant son long séjour à Poitiers, elle alla prier souvent dans nos diverses églises, en particulier dans celle de Notre-Dame-des-Clefs, devant la Vierge auxiliatrice qui, deux siècles plus tôt, avait déjoué la ruse des Anglais, lui demandant sa protection pour les bouter hors de France.

En se rendant à Notre-Dame, elle avait sur son passage l'église Saint-Etienne, aujourd'hui disparue. Or tout fait supposer qu'elle alla également s'agenouiller dans ce sanctuaire dédié au premier martyr du Christ, et que la jeune vierge y sentit s'affermir son courage. Peut-être même eut-elle là un pressentiment de son prochain martyre!

Pendant le temps que l'envoyée de Dieu passa en notre ville, elle comparut nombre de fois devant le Conseil des docteurs, qui vinrent l'interroger au logis même qu'elle occupait, à l'Hôtel de la Rose.

Ce Conseil était présidé par l'archevêque de Reims, Regnault de Chartres, chancelier du royaume, lequel avait pour assesseurs :

Gérard Machet, évêque de Castres, confesseur du roi ;

Hugues de Combarel, évêque de Poitiers ;

L'évêque de Maguelonne ;

Maître Simon Bonnet, depuis évêque de Senlis ;

Maître Pierre de Versailles, depuis évêque de Meaux ;

Guillaume Lemaire, chanoine de Poitiers ;

Pierre Turelure, prieur des Dominicains de Poitiers ;

Guillaume Seguin et Guillaume Aimery, dominicains du couvent de Poitiers ;

Jean Raffanel, Jean Lombard, Jean Erault, et plusieurs autres encore.

Chacun de ces éminents et subtils personnages s'efforça de poser à la prétendue visionnaire les questions les plus capables de la déconcerter.

La première fois qu'elle les vit entrer à l'Hôtel de la Rose, elle alla s'asseoir au bout d'un banc, et leur demanda timidement ce qu'ils voulaient.

Mais, ensuite, la sublime enfant répondit à tout, avec tant de fermeté, de droiture, et d'enjouement, que les doctes théologiens en étaient ravis ou confondus.

L'un d'eux, frère Seguin, s'étant avisé, par ironie, de lui demander avec l'accent particulier de sa province — il était limousin — quelle langue lui parlaient ses voix :

— « Meilleure que la vôtre ! » repartit vivement la Pucelle.

— « Ah ça ! dit le moine interloqué, croyez-vous en Dieu, Jeanne ! »

— « Mieux que vous ! » répliqua-t-elle sur le même ton.

Un autre docteur, Guillaume Aimery, lui ayant objecté que, si c'était le bon plaisir de Dieu que les Anglais soient chassés de France et qu'ils s'en aillent en leur pays, Dieu pouvait bien le faire lui-même et n'avait pas besoin d'armée :

— « En nom Dieu, répondit Jeanne, les hommes d'armes batailleront, et Dieu donnera la victoire ! »

Un autre enfin, docteur en théologie, de l'Ordre des Carmes, « un bien aigre homme », dit la *Chronique*, ayant pris à tâche de lui démontrer, par toute sorte de savantes raisons, de livres et d'écrits, qu'on ne pouvait sans preuve manifeste ajouter foi à sa parole :

— « Es livres de Messire Dieu, dit-elle, il y a plus que ès vôtres, et mon Seigneur a un livre où aucun clerc ne lit, tant parfait soit-il en cléricature !... Je ne suis, moi, qu'une pauvre fille qui ne sait ni A ni B. Mais qu'on me mène devant Orléans, et là je vous donnerai des signes ! Car Messire Dieu m'a envoyée, pour faire lever le siège d'Orléans, et pour conduire le roi à Reims, où il sera couronné et sacré. Donnez-moi seulement des soldats, aussi peu que vous voudrez ! »

Un jour, elle aperçut dans l'assistance un brave écuyer du roi, et, pour montrer la différence qu'elle faisait entre cet homme d'action et les théologiens ergoteurs, elle lui frappa familièrement sur l'épaule, en lui disant : « Voilà un homme de bonne volonté, tel qu'il m'en faudrait ! »

Un autre jour, s'adressant à Jean Erault : « Avez-vous de l'encre, du papier ? lui dit-elle. Eh bien ! écrivez-moi ce que je vais vous dire ! »

Et alors, elle lui dicta une sommation, enjoignant aux chefs de l'armée anglaise, de par le Roi des cieux, de s'en retourner en Angleterre.

Cette lettre se terminait en ces termes : « Si vous ne faites raison à Dieu et à la Pucelle, on verra, aux horions, à qui est meilleur droit, et croyez que les Français accompliront le plus bel exploit qui onques fut fait en la chrétienté !... »

Cette fière et énergique sommation, datée du 22 mars, mardi de la Semaine Sainte, ne sera envoyée, qu'un mois plus tard, au moment de marcher sur Orléans.

Enfin, après une minutieuse enquête et de multiples interrogatoires, les docteurs de Poitiers, convaincus par la sagesse et la franche allure des réponses de Jeanne, déclarèrent qu'elle était « vraiment conduite par l'Esprit de Dieu », et qu'on n'avait trouvé en elle « que bien, humilité, virginité, dévotion, honnêteté, et simplesse ».

Il est extrêmement regrettable que les actes et procès-verbaux des séances de Poitiers soient restés jusqu'à présent introuvables.

Nous les avons cherchés nous-mêmes, mais en vain, dans les Archives de la Vienne, et dans les dépôts publics de manuscrits, à la Bibliothèque Nationale de Paris, au British-Museum de Londres, à Oxford, et à Cambridge.

Que sont-ils devenus ?

Il est à croire que les ennemis de la Pucelle, lors du procès de Rouen, les auront anéantis, parce que ces précieux documents témoignaient en faveur de leur victime.

Mais il n'en est pas moins certain que les examinateurs de Poitiers ont reconnu et proclamé la pureté de sa vie, ainsi que le caractère authentique de sa surnaturelle mission.

Une autre perte fort regrettable est celle du Registre des délibérations de l'Echevinage de Poitiers pour l'année 1429.

Cette perte nous prive de renseignements qui eussent été du plus vif intérêt, sur l'accueil fait à l'héroïne par les bourgeois du Corps de ville, et sur leur attitude durant l'enquête dont elle fut l'objet sous leurs yeux.

Il semble qu'une main criminelle et sacrilège se soit acharnée contre tous les documents poitevins en faveur de Jeanne d'Arc.

« Tant que ladite Jeanne fut à Poitiers, dit la vieille *Chronique* de Guillaume Cousinot, plusieurs gens de bien allaient tous les jours la visiter, et toujours disait de bonnes paroles ».

« Elle était toujours en habit d'homme, dit la même *Chronique*, ny n'en vouloit autre vestir... Dames, demoiselles, et bourgeoises, entre les autres choses, lui demandèrent pourquoy elle ne prenoit habit de femme. — Et elle leur respondit : « Je croy bien qu'il vous semble estrange et non sans cause. Mais il fault, pour ce que je me dois armer et servir le gentil Dauphin en armes, que je prenne les habillements propices et nécessaires à ce. Et aussy, quand je seray entre les hommes, estant en habit d'homme, ils n'auront pas concupiscence charnelle de moy, et me semble qu'en cet estat je conserveray mieux ma virginité de pensée et de faict ».

Les dames et demoiselles de Poitiers ne pouvaient qu'adhérer à cette chaste réserve.

Quant au peuple, il aimait et vénérait la Pucelle, comme un ange de piété et comme la vraie messagère de Dieu. Tous avaient foi en elle, et beaucoup, après l'avoir entendue, pleuraient à chaudes larmes.

Enfin, vers la mi-avril, Jeanne quitta l'Hôtel de la Rose, sauta lestement en selle, traversa une dernière fois les rues de la cité, suivie de tout le peuple qui l'acclamait, et reprit avec le roi, par les rives du Clain et de la Vienne, la route de Chinon, pour commencer bientôt cette merveilleuse et tragique épopée, dont les étapes successives furent la bastille d'Orléans, la cathédrale de Reims, le pont de Compiègne, la prison et le bûcher de Rouen.

Mais, après son départ, le Corps de Ville, voulant conserver le souvenir de son passage, donna le nom de *Tour de la Pucelle* à une tour neuve qu'il avait résolu de construire au lieu dit Tranchepied, sur le front de la muraille d'enceinte qui bordait l'étang de Montierneuf. Le marché en fut passé le 31 décembre 1429.

Cette Tour de la Pucelle n'existe plus. Nous avons seulement le Boulevard Jeanne d'Arc, qui côtoie la ville au nord-ouest, et qui est proche du chemin que Jeanne a dû suivre, quand elle entra dans nos murs et quand elle en sortit.

L'ancien Echevinage

On sait que les communes, au moyen-âge, étaient les villes ou plutôt les associations d'habitants, qui avaient acquis, vis-à-vis du seigneur féodal ou du souverain, une situation plus ou moins indépendante et le droit de se gouverner elles-mêmes.

Or l'institution de la commune de Poitiers, une des plus anciennes de France, remonte à la princesse Aliénor d'Aquitaine. La charte, par laquelle

elle accorda, à ses féaux Poitevins, cette insigne faveur, fut signée à Niort et datée du mois de mai 1199.

Cette première charte fut ensuite confirmée, en 1204, par Philippe-Auguste, roi de France.

D'après les statuts municipaux, le Corps de Ville se composait de cent membres, savoir ; un maire, douze échevins ou pairs du maire, douze élus ou conseillers jurés, et soixante-quinze bourgeois.

Mais, en dehors des délibérations générales, où tout le personnel s'assemblait, la Municipalité se réduisait à vingt-cinq membres : le maire, les douze échevins, et les douze élus, qui formaient proprement le Conseil de Ville, et se réunissaient, une fois par semaine, pour l'expédition des affaires courantes.

Les soixante-quinze bourgeois, pépinière municipale imposée aux électeurs du second degré pour le choix des échevins et autres dignitaires de la cité, ne s'adjoignaient au Conseil de Ville que mensuellement, pour délibérer sur les affaires de conséquence. L'assemblée était alors de cent membres, et, à raison de ce nombre et de la périodicité mensuelle des séances, on avait donné à ces réunions le nom bizarre de *Mois et Cent* (1).

Le Maire et le Conseil de Ville étaient réélus chaque année. Cette élection avait lieu le premier vendredi après le 24 juin, fête de saint Jean-Baptiste, et l'installation du Maire avait lieu le 14 juillet, fête de saint Cyprien.

C'est donc au 14 juillet que l'année municipale commençait à Poitiers.

« Comme on le voit, dit un estimable historien, c'était tout un système de représentation communale, qui doit prouver que c'est bien avec raison qu'on a dit : *Ce n'est pas la liberté qui est nouvelle en France* » (2).

Dès 1372, les titres et privilèges nobiliaires furent accordés par le roi Charles V aux maires et échevins de la ville.

Puis, en 1685, Louis XIV décréta que les magistrats municipaux, pour avoir droit à la noblesse, seraient élus quatre années de suite.

Enfin, en 1773, dix ans de fonctions

---

(1) Voir Ph. Rondeau : *Mém. des Antiq. de l'Ouest*, XXXIV, et J. L. de la Marsonnière : *Un drame au logis de la Lycorne.*
(2) Ch. de Chergé : *Guide du voyageur à Poitiers.*

furent exigés, pour obtenir des lettres de noblesse.

Devenu noble, chaque maire avait droit à des armoiries particulières.

Quant à celles de la Ville, elles étaient : *d'argent au lion rampant de gueules, à la bordure de sable interrompue par le chef, chargée de neuf besants d'or, au chef d'azur chargé de trois fleurs de lys d'or rangées en fasce.*

On possède la liste complète des Maires de Poitiers, depuis Aliénor d'Aquitaine jusqu'à nos jours.

Dans une œuvre posthume, malheureusement inachevée, M. Bélisaire Ledain en a retracé l'histoire, jusqu'à l'année 1608 (1).

Les plus célèbres furent :
Maurice Claveurier,
René Berthelot,
Pierre Rat,
Joseph Le Bascle,
Jean de la Haye,
et Scévole de Sainte-Marthe.

On a donné à des rues de la ville le nom de quatre d'entre eux.

Maurice Claveurier fut élu maire, pour la première fois, en 1414, et réélu six

---

(1) *Mém. des Antiq. de l'Ouest*, 1897.

fois encore jusqu'en 1444. C'était un riche bourgeois et industriel poitevin.

Pendant son administration, il fit réparer les fortifications de la ville, eut l'honneur de recevoir Charles VII et de lui offrir une coupe et une salière d'or, quand celui-ci, en 1424, fit sa première entrée à Poitiers, comme roi, et enfin, Maurice Claveurier, en 1431 et 1432, prit une part active à l'organisation de l'Université naissante.

René Berthelot fut élu maire en 1529. Le magnifique hôtel qu'il fit construire existe encore, rue de la Chaîne, 24, et porte sur la façade ses armoiries : *d'or à trois aiglettes éployées d'azur*.

Il se distingua par les mesures qu'il prit contre une disette et contre la peste qui fit une nouvelle apparition vers les fêtes de Pâques de 1530.

Pierre Rat, seigneur de la Poitevinière et de Salvert, fut élu maire le 27 juin 1539.

Durant sa magistrature, eut lieu à Poitiers la réception de l'empereur Charles-Quint, dont nous empruntons à M. Bélisaire Ledain le pittoresque et intéressant récit :

« Une lettre du roi (François Ier) annonça, le 10 novembre 1539, au Corps de Ville, le prochain passage de Charles-Quint, se rendant d'Espagne dans les Pays-Bas, et lui prescrivit de le recevoir avec tous les honneurs dus à un souverain. De grands préparatifs furent immédiatement commencés.

« Le 8 décembre, jour de son arrivée, l'empereur, qui venait de Lusignan, accompagné du Dauphin, du duc d'Orléans, du connétable de Montmorency, du sieur de la Trémoille, gouverneur du Poitou rencontra, au-dessus de la chapelle Saint-Jacques (près de la maison actuelle des Petites-Sœurs-des-Pauvres), le Corps de ville qui l'attendait en grand costume. Le maire, Pierre Rat, lui fit une harangue, puis, prenant la tête du cortège, revint vers la ville, précédé de trente archers de la Commune, revêtus de hoquetons à la livrée de Poitiers, blanc et rouge.

« L'empereur s'avança entre deux haies formées par les quatre compagnies de la milice bourgeoise, armées de hallebardes et de hacquebutes, accompagnées de leurs enseignes, fifres et tambourins, dont il admira la superbe tenue.

« Un peu plus loin, il rencontra François Doyneau, lieutenant-général, suivi de tous les officiers de justice en robes rouges, qui lui adressa une belle harangue.

« Pendant qu'il approchait de la Porte de la Tranchée, l'artillerie de la ville, composée de cinquante grosses pièces, rangées près de là en batterie, se mit à faire des décharges générales et successives. Puis il passa devant la compagnie des écoliers et devant celle des clercs du palais, organisés militairement.

« Avant le premier boulevard, il reçut les hommages de tout le clergé séculier et régulier, qui chanta des hymnes en son honneur.

« Près de franchir la porte, l'empereur se plaça, avec le Dauphin et le duc d'Orléans, sous un poêle de drap d'or et velours violet, que le maire lui présenta, et qu'il porta ensuite, avec trois échevins, René Berthelot, Jean Acton, et Jean des Crouzilles, en robes de satin noir.

« Le cortège, s'avançant à travers les rues sablées et tendues de tapisseries, rencontra, au Marché Vieux (Place d'Armes actuelle), tout le corps de l'Université, réuni sur une estrade, d'où le recteur, Jean Chaigneau, adressa une harangue à l'empereur.

« Puis il passa sous un premier arc de triomphe, au coin des Cordeliers, et sous un deuxième, près de Notre-Dame-la-Petite, où il y avait un groupe de trois nymphes, représentant la Paix, la Gaule germanique, et la Gaule française.

« Le Chapitre de la Cathédrale, en l'absence de l'évêque, reçut l'empereur avec solennité à la porte de cette église. Celui-ci y entra faire sa prière devant le grand autel, et, après en avoir admiré l'imposante architecture, se retira à l'évêché où son logement était préparé.

« Le lendemain 9 décembre, le maire et les échevins se rendirent au logis de l'empereur, auquel ils se firent présenter par le connétable. Le maire, fléchissant le genou, lui offrit le cadeau de la ville. C'était une belle pièce d'orfèvrerie en argent doré, figurant un parc semé de fleurs, au milieu duquel s'élevait un rocher où un aigle était perché près d'un grand lys.

« L'empereur remercia vivement le maire, dont il modifia les armoiries, en remplaçant le rat par une licorne. Il alla ensuite entendre la Messe à la Cathédrale, et partit pour le château du Fou.

« Le maire et l'échevinage, précédés des archers, l'accompagnèrent jusqu'au delà de la porte de Rochereuil, où ils lui présentèrent leurs derniers hommages ».

Joseph Le Bascle, docteur en Droit, fut élu maire en 1569, à l'époque si critique et si troublée des guerres de religion.

« Il était à peine installé dans sa charge, que l'armée protestante de Coligny parut en vue de la ville, et commença les opérations du siège (24 juillet). Le gouverneur, comte du Lude, assisté du duc de Guise et du sénéchal Montpezat, dirigea la défense.

« Ce mémorable siège est trop connu, pour qu'il soit utile d'en retracer ici l'histoire. Rappelons seulement la conduite courageuse qu'y déploya le maire Joseph Le Bascle.

« Durant le siège, dit Liberge, il a,
« avec incroyable peine et grands frais,
« fait tant de diligence et devoirs à four-
« nir tout ce qui était nécessaire, et s'é-
« tant bien acquitté de ce que les sei-
« gneurs qui commandaient ont désiré
« de luy, qu'il semble impossible de plus
« ou mieux faire en cet état ».

« Un ancien tableau le représente exhortant les écoliers au combat (1).

« Son prédécesseur à la mairie,

---

(1) *Paysages et Monuments du Poitou*, par Robuchon.

Maixent Poitevin, se distingua également. C'est, en effet, sur son conseil, que l'on ferma les arches du pont de Rochereuil au moyen de pelles, ce qui fit refluer l'eau du Clain sur le Pré-l'Abbesse, et empêcha ainsi sur ce point l'assaut de l'ennemi.

« Les compagnies bourgeoises rivalisèrent de zèle avec les soldats étrangers.

« Lorsque, le 7 septembre, Coligny leva le siège, il y eut une explosion de joie dans la ville. Le lendemain, jour de la fête de la Nativité de Notre-Dame, tout le monde, soldats, ecclésiastiques, et bourgeois, firent une grande procession d'action de grâces, et allèrent entendre une prédication aux Cordeliers. Le maire et les échevins portaient des torches allumées.. Les habitants, quoique épuisés de fatigue, s'empressèrent de détruire les ouvrages élevés par les assiégeants autour de leurs murailles ».

Joseph Le Bascle fut élu maire, une seconde fois, en 1588. Il travailla, sans y réussir entièrement, à mettre fin aux discordes politiques et religieuses.

Quand il mourut le 18 janvier 1589, la disparition de cet homme de bien fut pour la ville un véritable deuil public.

« L'assemblée de l'échevinage décida que ses obsèques auraient lieu avec la plus grande solennité, aux frais de la ville, et désigna une commission chargée d'en régler les détails conformément aux usages traditionnels.

« Le corps embaumé du vénérable défunt fut exposé, le 21 janvier, dans la salle basse de son logis, rue du Moulin-à-Vent, et visité par une grande affluence de peuple, pendant que quatre religieux cordeliers récitaient des psaumes.

« Le 22 janvier, jour des funérailles, les portes de la ville furent fermées avec soin, pour éviter toute surprise, et tous les habitants invités à y assister. Le Corps de Ville tout entier, en grand costume de cérémonie, portant chacun une torche à la main, vint se ranger autour du cercueil déposé au milieu de la cour de l'hôtel.

« L'évêque Geoffroy de Saint-Belin arriva ensuite à la tête du clergé paroissial, bientôt suivi des quatres Ordres mendiants. Puis les six compagnies de la milice bourgeoise, conduites par leurs capitaines et formant un effectif de 1500 hommes, arquebusiers et hallebardiers, défilèrent devant la porte, tambours battant, enseignes déployées, et se rangèrent ensuite le long des rues, pour faire la haie.

« Le cortège funèbre se dirigea sur la

place Notre-Dame, fit le tour du Palais par la rue des Cordeliers, et arriva à l'église Saint Didier (sur la place actuelle du Palais-de-Justice), où devait avoir lieu l'inhumation.

« Le cercueil était porté par six religieux franciscains. Puis marchaient le clergé, les douze plus anciens bourgeois, le trompette de la ville, et les sergents portant la lance, le guidon, l'enseigne, la cornette de taffetas incarnat avec croix blanche, le procureur de la ville, le recteur de l'Université, les parents portant les éperons, les gantelets, le heaume et l'épée du défunt, et autres membres de la famille. Ensuite marchait seul, Jean Palustre, remplissant les fonctions de maire, vêtu d'un manteau de taffetas bordé de velours et d'un chapeau de velours, l'épée au côté. Il était suivi des échevins, pairs et bourgeois, puis des autres notables et d'une grande multitude de peuple.

« L'office des morts fut célébré à Saint-Didier par l'évêque, et l'oraison funèbre prononcée par le prieur des Jacobins.

« Joseph Le Bascle fut enseveli dans cette église, sa paroisse, près de sa femme » (1).

Jean de La Haye fut élu maire en

---

(1) B. Ledain : *Mém. des Antiq. de l'Ouest* 1897.

1572, la triste année que signala le massacre de la Saint-Barthélemy.

Le roi, dans la lettre qu'il écrivit, dès le 27 août, au gouverneur M. du Lude, pour lui annoncer les sanglants événements du 24, lui ordonna de veiller à ce qu'aucune émotion n'éclatât dans les villes et à ce qu'il ne se commît aucun massacre. Mais, pendant que M. du Lude était à Niort, Jean de La Haye, le 27 octobre, fit périr plusieurs huguenots à Poitiers.

Déjà, en 1562, agissant en qualité de lieutenant-criminel, il avait condamné à mort, comme coupable de connivence avec les protestants qui avaient saccagé les églises, le maire Jacques Herbert, qui fut pendu le 7 août sur la place Notre-Dame.

En 1575, accusé lui-même, et non sans motifs, de trahison envers le roi, il fut d'abord exécuté en effigie, le 16 juillet, sur la même place Notre-Dame. Puis il fut surpris nuitamment, le 24 juillet, en son domaine de la Bégaudière, près Poitiers, et mis à mort.

Son corps rapporté à Poitiers, sur la Place du Marché-Vieil (aujourd'hui Place d'Armes), fut foulé aux pieds par les femmes des victimes de sa politique.

Ensuite l'exécuteur lui trancha la tête,

qui fut placée sur la porte Saint-Cyprien et partagea le cadavre en quatre quartiers.

Telles étaient les mœurs en ces temps de haine féroce.

Scévole de Sainte-Marthe, natif de Loudun, fut élu maire en 1579.

Cette année-là, eut lieu à Poitiers une session des Grands-Jours, afin de réprimer les crimes et violences qui désolaient la province, funeste conséquence des guerres civiles et religieuses. Le Corps de Ville, conduit par le maire, et les officiers de justice allèrent jusqu'à Buxerolles au-devant des magistrats de Paris.

Plus tard, pendant les troubles de la Ligue, Scévole joua un rôle important, et usa de son influence pour ramener à la personne de Henri IV les esprits de ses concitoyens. Henri IV le nomma, en 1593, intendant des Finances.

Réélu maire en 1601, il reçut à Poitiers, le 19 mai 1602, le roi et la reine. Le Maire et le Corps de Ville allèrent à leur rencontre jusqu'au pont d'Auzance. Le roi entra par la porte Saint-Lazare, entre deux haies d'arquebusiers des compagnies bourgeoises. Le Clergé le reçut à la porte, et l'Université près du logis du Fou. Le cortège s'avança, à travers les rues tapissées et sablées, jusqu'à la Cathédrale où l'évêque Geoffroy de Saint-Belin l'attendait.

Le roi protesta de vivre et mourir en la religion catholique, et s'agenouilla devant le grand autel, pendant qu'on chantait le *Te Deum*.

Le 25 mai, il témoigna la satisfaction qu'il éprouvait de l'accueil des Poitevins, et, le lendemain, jour de la Pentecôte, il toucha plus de 1200 malades, atteints des écrouelles, qui étaient réunis sur la place Saint-Pierre. Le roi repartit le 27 mai par Châtellerault et Tours.

Cette visite d'Henri IV fut le principal événement de la mairie de Scévole de Sainte-Marthe.

Scévole se retira ensuite à Loudun, où il était l'objet d'un véritable culte. On l'y avait proclamé *Père de la Patrie*, parce qu'il avait sauvé la ville, en 1587, du pillage de l'armée du duc de Joyeuse.

C'est là qu'il mourut, en 1623. Son éloge funèbre fut prononcé par le fameux Urbain Grandier et par Théophraste Renaudot.

Scévole de Sainte-Marthe a composé plusieurs ouvrages littéraires. Mais c'est la muse latine qui lui dicta sa meilleure production, le poème sur l'allaitement des enfants, publié en 1584 sous le titre de *Pædotrophia*. On y trouve de jolis vers sur les sacrifices et les devoirs que la maternité impose à la femme, sur le sevrage et les douleurs de l'enfant.

Scévole rima aussi des épigrammes qui ne manquent pas d'esprit, celle-ci, par exemple, contre un médisant :

> Je confesse bien comme vous
> Que tous les poètes sont fous.
> Mais puisque poète vous n'êtes,
> Tous les fous ne sont pas poètes.

Depuis son origine, l'an 1199, jusqu'en l'année 1875, la commune de Poitiers logea ses bureaux et services administratifs dans un vieil Hôtel-de-Ville, dont le porche béait à l'endroit où se trouve actuellement l'entrée du passage qui fait communiquer la rue Gambetta et la rue des Grandes-Ecoles.

Les bâtiments communaux s'étendaient à droite de ce passage.

Au fond d'une cour était la chapelle ou aumônerie de l'Echevinage, qui sert aujourd'hui de Musée lapidaire à la savante Société des Antiquaires de l'Ouest.

Et au-dessus de la chapelle, c'était la salle de la Mairie, à laquelle on parvenait au moyen d'un escalier à vis construit dans une tourelle.

Cette tourelle, cet escalier, et cette ancienne salle de Mairie, existent encore.

Mais la salle est devenue la Bibliothèque et le lieu des séances mensuelles des Antiquaires.

C'est dans le susdit Musée archéologique que vous pouvez aller voir les objets suivants :

Le superbe bloc de marbre blanc, dédié à Claudia Varenilla (II° ou III° siècle).

Des autels, des cippes funèbres, et des colonnes milliaires, datant de l'époque romaine.

Un chapiteau fort original du XII° siècle, découvert en 1837, rue de la Tranchée, dans le voisinage de l'église Saint-Hilaire, et provenant sans nul doute de ladite église. L'artiste a voulu représenter la discorde et la concorde. Au centre, deux hommes, armés d'une hache et d'une serpe, se battent en se tenant par la barbe. Deux femmes cherchent à les séparer. Sur les côtés, un personnage taille un arbrisseau, et deux estropiés qui marchent avec des jambes de bois s'embrassent pour se réconcilier.

De nombreux fragments de la période ogivale ou gothique.

De fines sculptures de la Renaissance, provenant de l'ancien château de Bonnivet, commune de Vendeuvre.

Un médaillon, qui montre en bas-relief le profil si noble, si pur, et si harmonieux, de la tête du Christ. Ce médaillon provient de l'église de Bignoux et appartient certainement à la plus brillante époque de la Renaissance.

La tête et le torse d'une statue en marbre blanc de Louis XIII, qui surmontait autrefois la porte principale du magnifique château de Richelieu. Louis XIII est revêtu de la cuirasse romaine, avec lambrequins ornés de figures allégoriques, et du grand manteau royal semé de fleurs de lys.

Le moulage de la grande cheminée du château de Chitré. Cette œuvre remarquable représente une chasse du XVIe siècle, avec tous ses détails, au milieu d'un vaste paysage où l'on aperçoit un château, une rivière, un pont, des arbres, et des animaux de toute sorte. Au centre, un cerf couché porte, suspendu à son cou, un écusson armorié.

Etc., etc.

A côté de ce Musée lapidaire, au-dessus du porche voisin, se trouve une vaste salle, qui contient une autre section des objets recueillis par les Antiquaires de l'Ouest.

Vous y voyez : des ossements et silex taillés, des temps préhistoriques — des bronzes de l'époque celtique et gauloise — des poteries de l'époque gallo-romaine — des vases en verre extraits d'antiques sépultures — le mobilier sorti du temple de Mercure au faubourg de la Roche — les beaux moulages des figures et des inscriptions chrétiennes de l'hypogée-martyrium des Dunes, exécutés par le P. de la Croix — un médailler important — de vieux meubles sculptés — une jolie chaise à porteurs du xviiie siècle — etc. etc.

« L'usage des chaises à porteurs, dit M. de la Liborlière, était autrefois très-commun dans notre cité. Non seulement les femmes s'en servaient habituellement pour faire des visites ou se rendre aux soirées ; mais l'étiquette voulait que les hommes fussent voiturés de cette manière dans beaucoup de circonstances. Tous les récipiendaires de l'Université ou des différentes corporations, tous les nouveaux membres du barreau ou de la magistrature, allant s'acquitter des premières démarches de politesse envers leurs collègues, étaient portés en chaise. La plupart du temps, un domestique, soit en livrée, soit en tenue bourgeoise soignée, suivant la qualité du visiteur ou de la visiteuse, accompagnait le véhicule » (1).

---

(1) *Vieux Souvenirs du Poitiers d'avant 1789.*

Telles sont les choses **intéressantes** qu'on peut voir aujourd'hui dans l'ancien Echevinage.

L'ancienne Université

La salle supérieure du Musée des Antiquaires de l'Ouest faisait autrefois partie de l'Université, et c'est ce qui explique le nom donné à la rue des Grandes-Ecoles, où cette salle s'étend en bordure.

L'Université et le Corps Municipal de Poitiers étaient fraternellement réunis, et vivaient côte à côte en bon voisinage. La salle de l'Echevinage avait même été, tout d'abord, la librairie ou bibliothèque universitaire.

D'ailleurs, c'est le Corps de Ville et le Clergé qui avaient sollicité du Pape et du Roi la création d'une Université.

Le pape Eugène IV l'institua par bulle du 29 mai 1431, veille du jour où mourut sur le bûcher l'héroïque Jeanne d'Arc, et le roi Charles VII confirma l'érection par lettres patentes du 16 mars 1432, données à Chinon.

Les lettres du Roi, comme la bulle du Pape, font valoir longuement les avantages des hautes études.

Voici un extrait de la Bulle pontificale :

« ... Lorsque nous nous représentons

combien de profits, tant publics que particuliers, spirituels et temporels, les études des Lettres apportent à tout le monde, pour chasser les ténèbres d'ignorance, et que, par le moyen desdites études, le service de Dieu est augmenté, le salut des âmes avancé, la paix et la tranquillité procurées entre les hommes, et la prospérité de toute l'humaine condition amplifiée... nous nous montrons faciles et libéraux à élargir les faveurs apostoliques qu'on nous demande... »

Le Pape ajoute qu'il institue à Poitiers une étude générale des connaissances humaines, parce que « ladite ville est apte et idoine à cela », comme étant moins troublée et moins agitée qu'autres villes du royaume.

Encore à présent, on peut dire que Poitiers n'a guère changé d'allure.

Quant à Charles VII, en fondant l'Université de Poitiers, il combla de privilèges les membres de ce Corps, depuis les professeurs jusqu'aux plus humbles officiers. Ils étaient exempts de tous impôts, tailles, gabelles, aydes, octrois, et de toutes charges, telles que tutelles et curatelles, guet de ville, garde

---

(I) Jean Bouchet : *Annales d'Aquitaine.*

des portes, hors le cas de péril imminent.

Tels étaient les insignes privilèges des membres de l'Université.

L'abbé de Montierneuf fut nommé par le Pape conservateur de tous les privilèges apostoliques dont l'Université fut mise en possession.

Le trésorier du Chapitre de Saint-Hilaire eut le titre de chancelier, chargé de recevoir le serment des lauréats et de leur délivrer les diplômes.

L'Université comprenait quatre Facultés : Théologie, Droit canonique et civil, Médecine, et Arts. — La Faculté des Arts tenait la place de nos Facultés actuelles des Lettres et des Sciences.

Les cours de Théologie, ainsi que les cours de Médecine et des Arts, se faisaient au couvent des Jacobins ou Dominicains, qui fut regardé comme le chef-lieu universitaire.

Cependant, quelques années plus tard, on scinda les cours de théologie, dont quelques-uns furent donnés au Collège de Sainte-Marthe (sur l'emplacement du Lycée actuel).

Les cours de Droit furent aussi transférés dans un autre local : à savoir, dans la vaste salle de la rue des Grandes-Ecoles.

Pour annoncer la soutenance des thèses et les diverses convocations universitaires, le Conseil des Facultés fit acquisition d'une cloche, qu'on plaça dans la tour de Saint-Porchaire, et qui s'y trouve encore maintenant, mais qui ne sonne plus. Cette cloche, baptisée en 1451, fut mise sous le vocable de sainte Anne.

Le premier recteur de l'Université fut Jean Lambert, docteur en théologie et chapelain de Sainte-Opportune.

Ce fut dans cette église de Sainte-Opportune qu'eurent lieu dans la suite les actes publics pour l'obtention des grades de la Faculté de Théologie.

L'Université assistait en corps et en costume de cérémonie à la solennité des épreuves de licence et de doctorat.

La robe rectorale était en velours cramoisi, bordée au cou, sur les devants, et tout autour, en bas, d'une fourrure d'hermine de la largeur de la main. Comme les membres laïques de l'Université portaient, ainsi que ceux de la magistrature et du barreau, leurs cheveux longs, pommadés, poudrés, et terminés par une grosse boucle, il y avait sur le dos de la robe du recteur une sorte de petit tablier en taffetas rouge, destiné à garantir le velours de la poudre et de la pommade.

Les Facultés avaient un grand et un petit costume.

Pour le premier, les professeurs de théologie, qui étaient tous ecclésiastiques, mettaient sur leur soutane un épitoge, c'est-à-dire un camail en fourrure d'hermine.

Leur petit costume, commun aux membres des autres Facultés, était une robe d'avocat, avec une chausse bordée d'un seul rang de fourrure.

La Faculté de théologie portait cette chausse en laine noire ; la Faculté de Droit, en laine écarlate ; celle de Médecine, en soie cramoisie, et celle des Arts, en soie violette.

Le grand costume de la Faculté de Droit consistait dans une simarre noire, sur laquelle était posé un long manteau d'étamine écarlate, avec un épitoge et une doublure d'hermine.

Celui de la Faculté de Médecine était à peu près semblable ; mais le manteau était doublé en bleu céleste, avec une bande de fourrure sur le bord.

La Faculté des Arts avait une robe en moire de soie violette, faite absolument comme celle du recteur, et bordée aux mêmes endroits. Les manches, pareilles à la robe, étaient aussi garnies de fourrure.

La coiffure du recteur et de toutes les Facultés était une barrette de drap noir sans aucun galon, mais surmontée d'une touffe de longues franges d'or.

Les ecclésiastiques conservaient leur rabat ordinaire. Les laïques prenaient de longs et larges rabats noirs bordés de blanc.

Les religieux plaçaient la chausse sur leur habit monacal, sans mettre aucun rabat (1).

Le spectacle de tout cet apparat et de tous ces costumes devait être à la fois pittoresque et imposant.

Le recteur surtout, avec sa robe de velours cramoisi aux reflets chatoyants, était superbe comme un doge de Venise.

A partir de 1642, le Conseil de l'Université décida que « tous les ans, le douzième jour d'août, veille de la fête de sainte Radégonde, Monsieur le Recteur, et, avec lui, tous les Docteurs de toutes les Facultés, et tous les officiers de l'Université, s'assembleraient à une heure après midi, chez les Pères Jacobins, pour de là s'en aller, en pompe solennelle, les bedeaux marchant devant eux, à l'église de Sainte-Radegonde, afin

---

(1) De la Liborlière : *Vieux Souvenirs*.

d'assister aux premières vêpres ; puis, que M. le Recteur, accompagné de toute l'Université. irait au tombeau de sainte Radegonde, renommé par quantité de miracles, et ayant fait ses prières devant iceluy et supplié avec tous l'Advocate de la ville de Poitiers, le sieur Recteur mettrait, contre le tombeau de sainte Radegonde, pour et au nom de toute l'Université, et en reconnaissance qu'ils la prennent pour leur patronne, un cierge allumé pesant deux livres, qui ne pourra être éteint qu'après les secondes vêpres. Cela fait, le sieur Recteur et les Docteurs de l'Université iront visiter la cellule vénérable de sainte Radegonde, renfermée dans le circuit de l'Abbaye Royale de Sainte-Croix, qu'on appelle le *Pas-Dieu...* » (1).

L'Université de Poitiers fut en grande réputation. Dès le règne de Louis XII, elle était fréquentée par plus de 4000 étudiants, venus de France, d'Allemagne, d'Angleterre, d'Ecosse, et d'Irlande.

On les divisa en quatre sections ou nations : *France*, *Aquitaine*, *Touraine*, et *Berry*, qui avaient chacune leur procureur et leur fête patronale.

La fête patronale était, pour la nation

---

(1) *Annales d'Aquitaine.*

de France, la fête de saint Denis ; pour la nation d'Aquitaine, la fête de saint Hilaire ; pour la nation de Touraine, la fête de saint Martin ; et pour la nation de Berry, la fête de saint Guillaume.

Outre la Théologie, le Droit, la Médecine, les Lettres et les Sciences, les étudiants de l'Université cultivaient particulièrement le jeu de paume ou d'*esteuf*, comme on disait alors.

Nous savons aussi, par Rabelais, qu'ils allaient fréquemment se divertir à Passe-Lourdin, à Croutelle, et à la Pierre-Levée, « avec force flacons, jambons et pastés ».

Quand ils avaient contestation avec « des debteurs puissants, desquels ils ne pouvaient avoir raison à cause de leur puissance », ils pouvaient les citer, en vertu des privilèges de l'Université, « par-devant Messieurs les Conservateurs d'icelle », et si les personnages cités voulaient blesser ou opprimer par leur puissance lesdits écoliers, « les advocats et procureurs de ladite Université devaient se joindre auxdits estudiants, les advocats et procureurs du Roy devaient également les soutenir et intervenir au procès avec eux, pourvu qu'il conste dûment, par information ou autrement, de la lésion ou oppression desdits estudiants » (1).

L'Université de Poitiers vit s'asseoir sur ses bancs deux jeunes hommes, qui sont devenus deux grands et illustres philosophes : François Bacon, le génial fondateur de la philosophie expérimentale, et René Descartes, le subtil fondateur de la philosophie du doute méthodique.

Au XIXe siècle, elle eut parmi ses étudiants trois jeunes gens qui devinrent d'éloquents orateurs du barreau et des ministres d'Etat : Bourbeau, Ernoul, et Waldeck-Rousseau.

Les armoiries universitaires étaient *d'argent, avec le Livre de Sapience de gueules, et le chef d'azur chargé de trois fleurs de lys d'or.*

Vers le XVIIe siècle, ces armoiries furent modifiées. On transforma le Livre de Sapience en Evangile, avec crucifix d'or sur la couverture.

Puissent les jeunes générations d'étudiants, qui se succèdent à l'Université de Poitiers, se faire honneur de justifier leurs belles armoiries, en se montrant

---

(1) *Annales d'Aquitaine* : Procès-verbal de l'establissement de l'Université de Poictiers.

les vrais disciples de la Sapience et de l'Evangile !

Les anciens Dominicains et les anciens Cordeliers

Dès le xiii° siècle, époque de leur fondation, les célèbres Congrégations religieuses des Dominicains et des Franciscains s'établirent à Poitiers : les Dominicains en 1218, les Franciscains en 1267.

Le cloître des Dominicains ou Frères Prêcheurs, qu'on appela aussi Jacobins, en raison de leur premier couvent à Paris, rue Saint-Jacques (en latin *Jacobus*), était situé en haut de la rue actuelle du Pont-Neuf. La création de cette rue moderne traversa par le milieu cet antique monastère qui occupait une vaste superficie.

C'est là, avons-nous dit, que, dès l'origine, l'Université de Poitiers ouvrit ses cours et tint ses séances.

A la maison des Jacobins se rattache le souvenir de la bataille de 1356.

On sait que cette désastreuse bataille fut livrée à une faible distance de Poitiers, près de la station de Nouaillé, dans le terrain légèrement accidenté, qui s'étend, de la ferme de la Cardinerie (autrefois Maupertuis), au village de Bernon, au village des Bordes, et à la petite rivière du Miosson.

La veille du combat, le cardinal de Périgord, légat du Pape, se rendit successivement du camp français au camp anglais, et tenta en vain de faire accepter un arrangement pacifique. Le Prince de Galles repoussa les exigences hautaines de son adversaire le roi Jean.

L'armée française était forte d'environ 16.000 hommes, celle des Anglo-Gascons ne comptait que 7 ou 8,000 combattants (1).

Mais, d'après notre vieux chroniqueur Froissart, le Prince de Galles s'était établi sur un coteau planté de vignes, où l'on ne pouvait arriver à cheval que par un étroit sentier bordé de haies. Avec une habile stratégie, il plaça des archers derrière ces haies, et les chariots de l'armée avaient été disposés de façon à servir de rempart.

Le roi Jean partagea ses forces en trois corps. Il fait d'abord avancer trois cents cavaliers d'élite qui s'engagent dans le sentier. Cavaliers et chevaux sont criblés de flèches par les archers

---

(1) Voir les récentes études de R. Delachenal sur la *Bataille de Poitiers*, en son *Histoire de Charles V*, Paris. 1909.

anglais. L'avant-garde est mise en déroute.

L'armée anglaise s'élance aussitôt sur les Français. Les deux premiers corps, sous les ordres du Dauphin, duc de Normandie, et du duc d'Orléans, frère du roi, sont pris de panique, et s'enfuient presque sans combat.

Alors le roi Jean s'apprête à soutenir le choc des Anglo-Gascons, et fait mettre pied à terre à sa cavalerie. Lui-même combat en personne, tête nue, et une hache à la main, tandis que son plus jeune fils, Philippe, âgé de quatorze ans, l'avertissait, quand s'approchait un ennemi, en lui criant : Père, gardez-vous à droite ! père, gardez-vous à gauche !

Mais enfin, l'intrépide roi de France, vaincu, en dépit de sa bravoure, par la fatigue et par le nombre, est obligé de se rendre. Il est fait prisonnier du Prince Noir.

Cette lutte suprême eut lieu, selon nos vieilles archives, dans un champ, nommé jadis *le champ ou le tènement d'Alexandre*, aujourd'hui *le Bois-Boutet*, entre le village des Bordes et une boucle du Miosson.

En cette funeste journée du 19 septembre 1356, succombèrent, aux côtés du roi, de nombreux représentants de la noblesse et de la chevalerie française, dont les dépouilles mortelles furent ensuite transportées à Poitiers.

La chapelle des Jacobins, aujourd'hui entièrement disparue, ouvrit ses dalles aux héroïques victimes, parmi lesquelles sont cités, dans les *Annales d'Aquitaine*, le duc Pierre de Bourbon, le maréchal de Clermont, le vicomte de Rochechouart, Aymer de la Rochefoucault, Jean de Sancerre, Guillaume de Bar, etc., etc.

Les armoiries de ces vaillants chevaliers furent peintes sur les murailles du funèbre asile. Mais, par suite des vicissitudes des temps et des choses, armoiries et sépultures, depuis un siècle passé, ont disparu.

En 1307, quand le roi Philippe-le-Bel vint à Poitiers, pour traiter avec le pape Clément V la grave affaire de la suppression des Templiers, ce fut au couvent des Jacobins qu'il élut domicile, tandis que le pape avait fixé sa résidence au couvent voisin des Cordeliers.

Ce dernier couvent occupait en grande partie tout l'espace compris entre la rue des Cordeliers, la rue des Grandes-Ecoles, et la rue du Marché Notre-Dame.

La chapelle se trouvait derrière la librairie Bonamy et une partie des magasins Vannier. Il en reste encore quelques vestiges.

Comme la chapelle des Jacobins, elle servit également d'hypogée mortuaire aux infortunés héros de la bataille de Maupertuis.

Parmi ceux qui y furent inhumés, nous citerons le duc d'Athènes, connétable de France, Renaud de Chauveau, évêque de Châlons, Louis de Brosse, Robert de Chalus, Guillaume de Linières, Guillaume du Rétail, Geoffroy de Charny, qui portait à Maupertuis la bannière royale, et beaucoup d'autres chevaliers.

De tous ces nobles seigneurs, les armoiries furent peintes, comme aux Jacobins, *à fin de perpétuelle mémoire*, sur les murailles de l'édifice, et tout cela, depuis longtemps, n'est plus qu'un souvenir.

N'est plus qu'un souvenir aussi, le magnifique tombeau de marbre noir, surmonté de deux statues, qu'on voyait, avant la Révolution, au milieu du chœur. C'était le monument du comte et de la comtesse de Mortemart. Le dessin en est conservé à la Bibliothèque Publique.

Ainsi que nous l'avons dit plus haut, durant les pourparlers relatifs à l'affaire des Templiers, le pape Clément V habita le couvent des Cordeliers, et y séjourna pendant près de seize mois. « Mais, aucunes fois, pour sa récréation, il se tenait au prieuré de Ligugé, qui estoit un très beau lieu, première cellule de sainct Martin » (1).

C'est au séjour du pape Clément à Poitiers que se rapporte une dramatique légende, dont notre vieil annaliste Jean Bouchet nous a transmis les curieux détails.

Alors que Clément V, avant d'être pape, était archevêque de Bordeaux, sous le nom de Bertrand de Goth, il advint qu'il eut procès, au sujet des droits de sa prélature, avec l'évêque de Poitiers, Gauthier de Bruges, qui avait appartenu à l'Ordre des Cordeliers ou Frères Mineurs.

Devenu pape, Bertrand de Goth n'oublia point les griefs de l'archevêque, et déposa, par esprit de vengeance, le pieux évêque de Poitiers, qu'il relégua en son ancien cloître des Frères Mineurs.

« L'an après sa déposition (1306), Gauthier de Bruges alla de vie à trépas, et fut son corps mis en l'église du couvent des Cordeliers, devant le grand

---

(1) *Annales d'Aquitaine.*

autel, et, à son trépas, furent faicts de grands miracles.

« Il ordonna que la cédule appellatoire, qu'il avait interjettée dudit pape Clément au futur Concile, fût mise entre ses mains, avec son corps, en sa sépulture : ce qui fut faict.

« Le pape, l'ayant appris, fut curieux de voir ladite cédule, et commanda qu'on fit ouverture de ladite sépulture, pour avoir la cédule. Mais ne fut lors possible de retirer de la main dudit évesque ladite cédule, sans la rompre. Ce qui fut rapporté au pape.

« Lequel enjoignit aux messagers de faire injonction audit évesque trépassé, sur peine d'inobédience, de lâcher ladite cédule, avec promesse de la remettre, après icelle lue, en sa main.

« On fit le commandement du pape, et, incontinent, par miracle, ledit évesque entr'ouvrit la main, et lâcha ladite cédule : laquelle fut vue et lue par le pape, et tantôt après, remise en ladite main dudit évesque, qui la resserra comme elle était auparavant.

« Dont ledit pape fut fort esbahy, et non sans cause ; et dès lors fit faire une plus honorable sépulture audit évesque qu'elle n'était, et se repentit bien de luy avoir osté son évesché ».

Telle est la naïve et intéressante narration de l'auteur des *Annales d'Aquitaine.*

En Zigzag

Il n'est guère possible de circuler à travers Poitiers, sans rencontrer sur ses pas quelque antiquité plus ou moins remarquable.

Parcourons çà et là les divers quartiers de la ville, et signalons, en passant, les souvenirs archéologiques qui n'ont pas été déjà mentionnés.

Transportons-nous, tout d'abord, à la Porte de la Tranchée.

Vraisemblablement, le nom que nous venons d'écrire a pour origine un large fossé, creusé en cet endroit, à l'époque où l'on mit la ville en état de défense.

Cet endroit était le seul par où la ville, enveloppée ailleurs comme une presqu'île par les eaux du Clain et de la Boivre, se rattachait à la terre ferme, et, par suite, était abordable aux attaques de l'ennemi.

Voilà pourquoi, à travers cette petite langue de terre, on a sans doute creusé dans le sol une tranchée profonde, qui compléta le système des fortifications naturelles et murales de Poitiers.

C'est ici, d'après Jean Bouchet, qu'eut

lieu, en la nuit de Pâques 1202, par la miraculeuse protection de Notre-Dame, assistée de saint Hilaire et de sainte Radegonde, la défaite des Anglais.

A l'ouest de la Porte de la Tranchée, vous apercevez une longue file de tours et de remparts, qui vous reportent à plusieurs siècles en arrière, au temps des luttes féodales. Ce sont les restes de la vieille enceinte, qui fut bâtie sous le règne d'Aliénor d'Aquitaine, puis achevée sous Philippe-Auguste. et restaurée en 1375 par Jean de Berry.

Cette ceinture de murailles assura plus d'une fois le salut de la cité, et la protégea, en particulier, contre les attaques de Coligny, l'an 1569.

Il est fâcheux que ces beaux restes, dans le tronçon entre la Porte de la Tranchée et la ligne du Chemin de fer, aient été éventrés par le passage du tramway de Saint-Martin-l'Ars, et que, sur plusieurs points, au mépris des lois et des règlements, quelques voisins en aient envahi la hauteur, pour y construire des chalets de plaisance. *Caveant consules !...*

Descendons le boulevard Pont-Achard et demandons à pénétrer dans le jardin des Sœurs de la Sagesse : nous y verrons, en bon état de conservation, une partie assez considérable du mur d'enceinte.

De l'autre côté du chemin de Pont-Achard, dans la vallée, voici une tour avec son échauguette : c'est un autre débris de l'enceinte fortifiée.

A la Porte de Paris, devant l'abattoir, nous trouvons encore une tour à mâchicoulis : c'est un troisième débris de la vieille enceinte.

Non loin de là, au confluent des deux rivières qui baignent la ville, s'élevait l'ancien château de Poitiers, auquel cette dernière tour était reliée par une muraille. Du château si puissant et si fier, édifié par le duc de Berry, il ne reste plus, au bord de la Boivre, que d'insignifiants vestiges : quelques pans de mur, et la base d'une vieille tour, avec un écusson à demi effacé. Les ruines elles-mêmes ont péri.

O caducité des choses humaines ! (1).

Autrefois, tout l'espace compris entre le Pont-Achard et la Porte de Paris, espace occupé actuellement par la gare et la voie ferrée, formait un immense

---

(I) On peut voir, au Musée de la Ville, l'ancien aspect de ce Château, sur le tableau du *Siège de Poitiers en 1569.*

étang, bourbeux, rempli de joncs, et insalubre, qui était nommé l'étang de Saint-Hilaire, alimenté par les eaux de la Boivre.

Au début du XIXe siècle, le dessèchement de cet étang fut l'œuvre de l'honorable M. Zacharie Galland, dont le nom a été donné avec justice à une petite rue du quartier de Pont-Achard.

M. Galland était, de plus, un homme de bienfaisance. C'est lui qui fonda, en 1823, la maison de Pont-Achard, où sont hospitalisés gratuitement neuf vieillards de la ville.

Enfin, c'est d'après ses plans — car il était encore architecte — que fut construit le théâtre actuel de Poitiers.

A gauche de la ligne de Poitiers à Paris, ce grand faubourg qui longe le Clain se nomme le faubourg de Saint-Lazare : pourquoi ? parce que, au moyen-âge, il y avait là un Hôpital de lépreux, dont saint Lazare est le patron.

Parallèlement à ce faubourg, sur la rive droite du Clain, voici le cimetière de l'Hôpital-des-Champs, ainsi nommé parce qu'il occupe l'emplacement d'un ancien Hôpital, construit en 1520 pour les pestiférés.

A l'entrée de ce cimetière, la porte monumentale que vous apercevez et qu'on vient d'y placer récemment, sur la demande des Antiquaires de l'Ouest, était celle du monastère de la Visitation, datant du xviie siècle, monastère qui fut, depuis la Révolution, la prison départementale, et qu'on a rasé depuis peu.

Revenons sur nos pas.

Au delà du Pont-Guillon, dont le nom rappelle un excellent prêtre du xviiie siècle, qui fit améliorer en cette place le lit marécageux de la Boivre, nous apercevons les vastes bâtiments de l'Hôpital Général.

Autrefois desservi par les Religieux de la Charité ou de Saint-Jean-de-Dieu, il le fut ensuite et l'est encore par les Sœurs de la Sagesse.

C'est, d'ailleurs, en cet Hôpital, dont le P. de Montfort était, en 1701, l'aumônier volontaire, que Mlle Louise Trichet se plaça sous la direction du vaillant ascète, et devint la première religieuse de cette Congrégation de la Sagesse, si féconde en œuvres de charité et de dévouement.

L'Hôpital Général a conservé de ces deux saintes âmes des souvenirs d'un précieux intérêt. On vénère, en particulier, dans la Chapelle, la Croix de bois, que le P. de Montfort avait fabriquée de ses mains, et devant laquelle, en sa cellule, il aimait à prier.

Ce fut également le P. de Montfort, ce rude missionnaire des faubourgs Montbernage et Saint-Saturnin, qui eut l'initiative de la fondation, en ce dernier faubourg, de l'Hospice des Incurables, dont M. de Lesméric-Deschoisy, grand-prieur d'Aquitaine, fut, en 1738, le généreux bienfaiteur.

Si, aux établissements de bienfaisance dont il vient d'être question, on ajoute celui de l'Hôtel-Dieu, qui est aussi d'origine religieuse, il n'est personne qui ne rende hommage à la générosité et à la tendre sollicitude dont l'Eglise a fait preuve depuis si longtemps, envers les miséreux, envers les pauvres et les martyrs de la vie : sans compter les établissements que la charité chrétienne a encore fondés de nos jours, l'établissement des Petites-Sœurs-des-Pauvres, l'établissement des jeunes Sourds-Muets et Aveugles, la Société de Saint-Vincent-de-Paul, la Société Maternelle, la maison du Bon-Pasteur, l'orphelinat et l'ouvroir des Sœurs de Saint-André, la communauté des Sœurs Hospitalières, celles de la Providence et de l'Union Chrétienne, les Sœurs gardes-malades de la Miséricorde et de l'Espérance, et enfin, dans les faubourgs, les trois Crèches de Sainte-Anne, de Saint-Hilaire, et de Sainte-Radegonde.

Allons visiter maintenant, au centre de la ville, deux monuments ayant rapport à notre grand évêque saint Hilaire.

En l'année 360, quand Hilaire revint de son exil de Phrygie, le peuple de Poitiers accueillit, avec des transports de joie et d'enthousiasme, son glorieux et bien-aimé Pontife. Une si grande multitude lui faisait cortège, qu'à peine pouvait-on le voir traverser les rues.

Or il arriva, raconte Jean Bouchet, qu'une femme, qui baignait alors son petit enfant, le laissa imprudemment dans la baignoire, et courut à sa fenêtre, poussée par l'ardent désir de voir passer le saint évêque. Mais, peu d'instants après, quand elle revint à son enfant, elle le trouva mort.

Aussitôt, folle de douleur, elle prend son fils dans ses bras, écarte la foule, et dépose aux pieds d'Hilaire le cadavre de l'enfant. A la vue de la douleur de cette pauvre femme, le saint est rempli d'émotion, il se met à genoux, et demande à Dieu de rendre la vie à ce corps inanimé. La prière du saint prélat est exaucée sur-le-champ, et l'enfant ressuscité est rendu à son heureuse mère.

L'annaliste poitevin ajoute que ce miracle fut accompli « devant la Maison commune des seigneurs de la ville », par conséquent, près du magasin actuel de M. Bleau, horloger-bijoutier.

C'est là qu'en 1615 fut élevé un petit monument commémoratif, composé d'un soubassement, d'un bas-relief, et d'une pyramide tronquée.

Par suite de l'ouverture de la rue Bourbeau (ancienne rue Neuve de la Mairie) et des magasins qui la bordent, le modeste monument a été plusieurs fois déplacé. Il est adossé actuellement, dans la même rue, au mur d'une maison faisant saillie.

Mais les dégradations du temps ont considérablement altéré le bas-relief, qui représentait primitivement la scène du prodige.

Un second monument relatif à saint Hilaire se trouve dans la chapelle actuelle des Carmélites.

C'est un bas-relief, encastré dans la muraille, à gauche en entrant. « Il mesure 2 m. 26 de long, sur 0.98 de haut. Les têtes de tous les personnages, sauf un, ont été brisées en 1562 par le marteau des protestants. La scène représente le corps d'un évêque étendu dans un sarcophage ouvert, autour duquel treize personnages sont groupés. Au centre, sont deux anges, dont l'un reçoit l'âme du défunt sous la forme d'un petit corps nu, et l'autre tient un encensoir. Aux extrémités, deux saints nimbés portent chacun un livre (1).

Le lieu même, où se trouve cette sculpture de marbre, consacre, sous le nom de Saint-Hilaire-de-la-Celle, la mémoire du grand pontife. « C'est là qu'il se retirait souvent, avec quelques disciples, pour prier dans la retraite. C'est là qu'il mourut, et que son corps reposa, avant de recevoir sa sépulture définitive à Saint-Hilaire-le-Grand ».

Saint-Hilaire de la Celle fut autrefois un prieuré d'Augustins, puis une abbaye de Génovéfains, à laquelle était annexée une paroisse.

La voûte du sanctuaire, en forme de haute coupole garnie de huit nervures toriques, appartient à l'époque du style Plantagenet, comme les voûtes de la Cathédrale et de Sainte-Radegonde.

En sortant du Carmel, permettez-moi de vous conduire dans la rue de l'Arceau, après avoir laissé à droite une caserne d'infanterie, qui était jadis un

---

(1) A. de la Bouralière : *Guide Archéol.*

couvent de Dominicaines ou Religieuses de Sainte-Catherine de Sienne.

Non loin de là, une autre caserne d'infanterie était anciennement un Petit-Séminaire. Sans cesse, à Poitiers, l'Etat s'est logé dans les immeubles de l'Eglise.

La rue de l'Arceau doit son nom à l'existence d'une ancienne porte de l'enceinte gallo-romaine, que cette rue étroite traverse sur ce point.

Là, par antithèse avec la laideur du quartier, vous verrez, au n° 3 bis, une maison de style gothique, qui dut être fort belle autrefois. On l'appelle le *Logis de la Grande-Barre*.

Sur l'encadrement de la porte, grimacent et gambadent tout un assortiment de figures grotesques et d'animaux, comme le xv° siècle en a prodigué sur les pages de ses manuscrits.

Il est regrettable que ce vieux logis ne soit pas entretenu, et, par suite, qu'il se dégrade de jour en jour. Pourquoi ne pas le classer parmi les protégés de l'Administration des Beaux-Arts?

Près de là, vient aboutir la rue du Calvaire, qui doit son nom à l'ancien couvent des Calvairiennes, qui n'existe plus en cet endroit.

Le couvent du Calvaire fut fondé à

Poitiers, en 1617, par le célèbre capucin François Leclerc du Tremblay, plus connu sous le nom historique de Père Joseph, qui seconda si activement la politique de Richelieu, devint cardinal, et fut surnommé, pour cette raison, l'*Eminence Grise*.

La première religieuse, associée à l'œuvre du Père Joseph, fut la princesse Antoinette d'Orléans, fille du duc de Longueville et de Marie de Bourbon.

De la rue du Calvaire, descendons vers le pont Saint-Cyprien, qui conduisait, avant 1793, à l'abbaye bénédictine de ce nom, sur la rive droite du Clain. C'est dans cette abbaye que travailla, au XVIIIe siècle, Dom Fonteneau, à qui nous devons 89 volumes de manuscrits se rapportant à l'histoire du Poitou.

Il y a environ quarante ans, les Dominicains étaient venus y planter leur tente et y restaurer la vie religieuse. Mais, naguère, une loi tyrannique les a dispersés.

Suivons le boulevard Saint-Cyprien, puis le boulevard du Pont-Neuf ; nous laissons à droite le Pont-Neuf, construit en 1778, sous le règne de Louis XVI, et restauré en 1843 ; et nous arrivons ensuite au Pont-Joubert.

Naguère encore, au milieu de ce pont,

sur une pile latérale, on voyait une petite chapelle dédiée à la Vierge Marie. Par suite des réparations dont le pont a été l'objet, on a transféré cet oratoire derrière le chevet de l'église Sainte-Radegonde, sans oublier de reproduire au-dessus de la porte le pieux quatrain du P. de Montfort :

> Si le nom de Marie
> Dans ton cœur est gravé,
> En passant ne t'oublie
> De lui dire un *Ave !*

C'est par le Pont-Joubert que les anciens évêques de Poitiers faisaient leur entrée solennelle. Le nouvel évêque prenait une chape et une mitre blanches, montait sur une haquenée de même couleur, dont le sire de Lusignan devait tenir la bride, et se dirigeait, précédé du clergé et escorté de cavaliers, vers l'église Notre-Dame-la-Grande. Le lendemain, après avoir été moult harangué, par les Chanoines, par l'Université, et par le Corps de Ville, il était porté de Notre-Dame à Saint-Pierre, sur les épaules des quatre principaux barons du Poitou.

A l'extrémité du Pont-Joubert, tout près du Clain, vous apercevez, au-dessus d'une source, un petit monument ogival, qui date de 1663, et qu'on appelle, pour un motif inconnu, la *Fontaine du Légal*.

Un peu au-delà, après la rue de la Croix-Rouge, commence le faubourg de Montbernage, faubourg que le P. de Montfort avait évangélisé avec tant de zèle, et qui se signala, au plus fort de la Terreur, par le dévouement sans borne de ses habitants envers la religion catholique et ses ministres persécutés. On nomme, parmi ceux-ci, M. l'abbé Soyer, M. l'abbé Coudrin, et le vénérable M. Pruel, curé de Sainte-Radegonde, obligés de se dissimuler sous de faux noms et sous des costumes de toute sorte.

A la faveur de la nuit, la Messe était célébrée et les Sacrements administrés, tantôt dans une maison du faubourg, tantôt dans une autre, sous la garde de quelques braves gens du peuple et de ferventes chrétiennes, qui ne craignirent pas d'exposer fréquemment leur vie.

Durant cette époque terrible, le faubourg de Montbernage a été en quelque sorte la Terre Sainte de Poitiers (1).

---

(1) Voir la brochure si intéressante de Th. de Coursac : *Le Faubourg Montbernage au point de vue religieux pendant la Révolution Française.* **Poitiers, 1859.**

Revenons en ville, et gravissons la Grand'Rue, qui était une des principales artères du vieux Poitiers.

A droite, n° 98, regardez au fond d'une cour, et admirez le bel Hôtel Renaissance de la famille de Briey, aujourd'hui école libre.

Un peu plus haut, n° 118, c'est une haute et curieuse maison, avec l'écu royal de France en façade, avec pignon sur rue, flanqué de deux gargouilles et orné de choux frisés. A l'angle du pignon, on aperçoit trois gros clous fixés dans la pierre. De là le nom de *Maison des Trois-Clous*.

Elle était proche de l'ancien couvent des Minimes, qui fournissait jadis aux paroisses de Poitiers des prédicateurs populaires.

Disons, à ce propos, que Poitiers, outre ses Chapitres collégiaux et ses Communautés religieuses d'hommes et de femmes, comptait, avant la Révolution, vingt-quatre paroisses, dont quelques-unes étaient si minuscules qu'elles n'avaient pas plus de cent paroissiens.

A gauche de la Grand'Rue, n° 159, le grand portail que vous apercevez donnait entrée à l'Hôtel du Grand-Prieur d'Aquitaine, un des plus éminents dignitaires de l'Ordre de Malte. L'écusson mutilé de la façade était celui de cet Ordre fameux.

Les bâtiments, jadis occupés par le Grand-Prieur, existent encore, tout auprès, dans la rue Montgautier.

Au n° 192, sous une lucarne du grenier, on lit, en belles majuscules ; NEC SPE NEC METV, et sous une autre lucarne : MEDIIS TRANQUVILLVS IN VNDIS. Puis au-dessous, la date de 1590.

Cette maison fut donc construite au lendemain des guerres civiles et religieuses du xvie siècle. Les deux devises que nous venons de transcrire sont la manifestation d'une âme qui sut, au milieu des jours les plus troublés, demeurer forte et impassible.

Enfin, n° 203, c'est une maison qui porte les caractères de la fin du xve siècle.

Derrière le chevet de Notre-Dame, rue Mexico, 35, voyez cette porte basse, avec filets prismatiques. C'est une porte de l'ancienne église Saint-Etienne.

Passons de là dans la rue Saint-Denis.

Voici d'abord, au-dessus de la porte du n° 10, une jolie frise, toute garnie de sculptures.

Puis, aux n°s 24 et 24 *bis*, une maison avec fenêtres de style Renaissance.

Dans cette rue, comme en beaucoup

d'autres, l'attention du passant est aussi attirée sur de vieilles portes, par de larges clous à tête fleuronnée. Vous en rencontrerez presque partout, ainsi que d'antiques heurtoirs de fer, dignes de remarque.

Revenons sur nos pas, et allons dans la rue de l'Hôtel-Dieu.

Le n° 11 nous offre une maison sur laquelle on lit la date de 1735. La porte est à fronton interrompu, et encadre un cartouche surmonté d'un chapeau ecclésiastique. Dans le cartouche, il y a cette inscription : *Logis de la Capelle*, et, par dessous, une clef de sol. Etait-ce la demeure d'un prêtre ami de la musique ? Mais cet écusson nous semble une pièce rapportée.

Remontons la rue de l'Hôtel-Dieu, passons dans la rue Sainte-Opportune, et donnons un regard, n° 7, à ce haut pignon triangulaire aux redans frisés. On sait que le pignon sur rue était un signe de richesse et de noblesse.

De là, prenons la rue des Gaillards, et allons au n° 8 de la rue des Flageolles. C'est dans cette vieille maison, à l'aspect féodal, que naquit, en 1749, Jean

Brumauld de Beauregard, qui eut une vie des plus accidentées.

Elève au collège des Jésuites, il fut nommé, dès l'âge de treize ans, chanoine de Notre-Dame de Poitiers. En 1791, il refusa le serment à la constitution civile du clergé, s'exila en Angleterre, puis revint en Vendée et dans la Vienne, obligé de se déguiser pour remplir les fonctions de son ministère sacerdotal. Il fut arrêté plusieurs fois, et, en 1798, déporté à Cayenne. Rentré en France après le Concordat, il devint, en 1804, curé de la Cathédrale de Poitiers et vicaire général. En 1821, il fut nommé évêque de Montauban, puis d'Orléans. En 1830, après la révolution de juillet, au préfet du Loiret qui l'engageait à faire enlever une croix de mission, il fit cette noble réponse : « Un évêque qui porte la croix sur la poitrine ne peut ni ne doit contribuer à son renversement ! » En 1839, pour raison d'âge et de santé, il résigna ses fonctions épiscopales, et revint passer dans son pays natal les deux dernières années de sa vie.

Prenons, à gauche de la rue des Flageolles, la rue de la Tête-Noire, et arrêtons-nous un instant au n° 11 de la petite Place de l'Etoile. Nous avons là un type remarquable de l'architecture Renaissance.

Traversons à présent la rue de l'Université.

Nous côtoyons, à gauche, les nouveaux bâtiments de la Faculté des Sciences, inaugurés, en 1894 par M. Spuller, Ministre de l'Instruction Publique : à droite, deux portes de style gothique, avec sujets et ornements moyenâgeux. L'une de ces portes est à pignon fleuronné.

Nous arrivons ensuite dans la rue Cloche-Perse, nous tournons à droite, et, au n° 15, entre le rez-de-chaussée et l'étage supérieur, regardons cette poutre ornée de sculptures et de médaillons du xvi° siècle.

Dans la même rue, n° 2, voyez-vous cette espèce de donjon à la mine altière, et, dans le mur élevé qui regarde l'est, voyez-vous *un fer de mulet?*

Voici, d'après la tradition, l'histoire de ce fer :

« Quelques années avant la Révolution, un muletier, chargé de conduire des sacs de poudre, avait attaché sa bête à quelque distance de là. Du pavé frappé par le pied de l'animal, jaillit soudain une étincelle, qui provoqua une immense explosion. Le mulet fut mis en pièces. Mais un de ses fers, lancé avec violence, alla s'enfoncer dans le mur où vous le voyez encore ».

M. de la Liborlière, en ses *Vieux Souvenirs du Poitiers d'avant 1789*, raconte le fait avec une variante. Il dit que le fer du mulet alla frapper la croisée de l'étage supérieur de la maison, et que, en mémoire de cet événement, on le plaça ensuite dans un des joints de la muraille, tout près de la fenêtre où l'envoya l'explosion.

Fort heureusement, il n'y eut à déplorer aucun accident de personnes. Aussi les habitants du quartier élevèrent-ils, en reconnaissance, un autel à Notre-Dame de Bon-Secours. Cet autel a disparu pendant la période révolutionnaire. Mais la statue vénérée de la Vierge se trouve aujourd'hui en l'église de Montierneuf.

La maison au fer de mulet est proche de la Place de la Liberté, anciennement Place du Pilori, où se faisaient jadis les exécutions capitales et l'exposition publique des condamnés.

C'est là que la conspiration de Thouars reçut son dénouement, en 1822, par l'exécution du général Berton, condamné à mort par la cour d'assises de Poitiers, ainsi que les autres conspirateurs arrêtés avec lui.

Sous le régime de la Terreur, c'est là aussi que furent décapitées de nombreuses victimes envoyées à l'échafaud, par ces trois pourvoyeurs de guillotine qui se nommaient Planier, Piorry, et Ingrand.

Au milieu de cette place, les francs-maçons ont élevé, il y a peu d'années, sur un lourd piédestal, le mesquin sujet de pendule, qui est censé représenter *la Liberté éclairant le monde*. Voilà tout ce qu'ils ont su édifier à Poitiers. Le reste de leurs œuvres, ce sont des ruines.

A l'angle nord-ouest de cette Place de la Liberté, c'est la petite rue du Trottoir. Au n° 7, près du temple mystérieux de la Loge Maçonnique, pénétrez dans une cour, et vous verrez, au bas d'une tourelle d'escalier, une porte gothique du xv° siècle.

Puis, descendez la rue du Trottoir, ainsi que la rue de la Chaîne, jusqu'au n° 24.

Là, dans ce vilain et misérable quartier, au fond d'une petite avenue, se trouve un des plus beaux Hôtels de la Renaissance que l'on puisse voir. C'est l'Hôtel de René Berthelot maire de Poitiers en 1529, qui commença, l'année même, la construction de son élégante demeure.

On se demande comment cette charmante habitation a pu être élevée dans un quartier aujourd'hui si miséreux. C'est sans doute à cause de la beauté du site, qui s'étale du côté de l'ouest, sur la riante vallée de la Boivre. Et il ne faut pas oublier aussi que c'était là jadis un des quartiers aristocratiques de Poitiers.

Allez visiter sans crainte l'Hôtel de René Berthelot. Vous êtes sûr d'y recevoir bon accueil de la part de ses distingués propriétaires, M. et Mme Mérieux, qui se feront plaisir de vous montrer leur splendide logis, et, de plus, le très intéressant musée de costumes et d'objets militaires collectionnés par M. Pierre Clément.

Non loin de ce superbe manoir, au commencement de la rue de la Prévôté, se trouve un second Hôtel, non moins artistique et non moins admirable que celui de Berthelot : c'est l'Hôtel, bâti entre 1504 et 1514, par un riche habitant de Poitiers, François Fumée.

On a cru longtemps que c'était l'ancien Hôtel affecté au prévôt de la ville. Il n'en est rien : c'était une habitation particulière.

« Sa façade rappelle l'entrée d'un ancien château fort. De chaque côté de la porte, qui forme un biais, deux pavillons s'avancent en saillie. Ce caractère défensif est largement racheté par la richesse des sculptures qui ornent les fenêtres, les lucarnes, et toutes les surfaces susceptibles de se prêter à la décoration.

« Dans la cour, on trouve à droite une petite galerie, soutenue par quatre colonnes formées de petits fûts prismatiques, qui s'enroulent autour du noyau principal, pour former une colonne torse d'un aspect étrange » (1).

Au pavillon de gauche, sur l'une des consoles qui soutiennent l'encadrement de la fenêtre, remarquez ce corps, moitié poisson et moitié femme, qui porte en mains un peigne et un miroir. C'est évidemment l'image de la Fée Mélusine dont la légende est si connue en Poitou.

Dans la même rue que l'Hôtel de François Fumée, le n° 15 nous montre une ancienne maison, de style élégant et sobre, avec de gracieuses sculptures.

Poursuivons notre promenade archéologique vers la rue du Moulin-à-Vent.

Rappelons d'abord qu'au bas de cette rue, dans la cour de l'Ecole de jeunes filles, on fit, le 20 janvier 1902, la dé-

---

(1) A. de la Bouralière : *Guide Archéol.*

couverte de la magnifique statue de Minerve en marbre blanc.

Tournons à droite, dans la rue des Carmélites. Au n° 18, nous verrons une maison dont la façade est enguirlandée de sculptures sur bois.

Puis revenons à la rue du Moulin-à-Vent.

Au n° 17 de cette rue, voici une maison dont l'extérieur est d'apparence vulgaire et toute moderne. Mais, si vous pénétrez jusqu'au fond d'un corridor, vous arrivez à une construction de la fin du XVIe siècle, puisqu'elle porte la date de 1587.

Cette maison est curieuse, à cause des inscriptions latines ou françaises qui se lisent au-dessus de ses portes et de ses fenêtres.

En voici quelques-unes, d'une philosophie honnête et prudente :

La gourmandise, la paresse, et la volupté, doivent être évitées par qui recherche la gloire.

La vigilance est préférable au sommeil.

Rien sans peine.

Sur toutes choses honore Dieu.

Prends en gré ce que tu as.

N'appète point ce qui ne se peult faire.
Pense à la fin de la vie (1).
Sages conseils, assurément !

Au n° 5 de la rue Gambetta, près du Palais-de-Justice, nous rencontrons une haute maison, d'aspect sévère, mais avec deux fenêtres et un portail, où l'on voit des consoles d'ancien style, à figures d'animaux.

Dans la cour intérieure de cette maison, sur une muraille, se détache en relief la statue d'un pèlerin.

Passons dans la rue de la Regratterie.

Au n° 7, à l'extrémité d'une cour, regardons cette porte avec ornements du xv° siècle, et ces fenêtres avec moulures prismatiques.

Mais, de là, avançons vers la rue du Marché-Notre-Dame. Nous rencontrerons, au n° 9, un type gracieux de la Renaissance. « Les fenêtres des deux étages sont encadrées de pilastres, de frises, et de rinceaux, du meilleur goût. A gauche et à droite, on lit sur des cartouches ces deux inscriptions en

---

(1) Voir *Bull. des Antiq. de l'Ouest*, 1ᵉʳ trim. 1891 : *Une Maison du* xvi° *siècle* par M. l'abbé Bleau.

latin : *C'est ici mon refuge*, et *Dans le Seigneur je me confie*, avec la date de 1557 ».

Allons ensuite au n° 25, et franchissons le corridor. Au bout de cette issue, nous trouvons encore une porte d'escalier, qui est un beau spécimen de la Renaissance.

Rue de l'Ancienne-Comédie, 25, levons la tête vers cette haute lucarne, qui est aussi de la Renaissance, et qui porte au fronton, sur un cartouche tenu par un angelot, la date de 1547.

Pas bien loin de là, rue de la Celle, donnons un coup d'œil attentif à cette modeste, mais coquette habitation de style roman, qui porte le n° 13. Elle est du XVIe siècle.

Non loin d'ici, rue Orillard, 54, vieille porte à fronton, du XVIIe siècle.

Descendez maintenant jusqu'à la rue Paschal-Le-Coq. A côté de la chapelle de Sainte-Croix, au-dessus d'un portail, vous verrez en plein cintre les sculptures d'animaux fantastiques. C'est un morceau de très ancienne architecture romane.

Faites encore quelques pas, et obliquez à droite jusqu'au Baptistère Saint-Jean.

Dans ce monument de la vieille Gaule romaine, déjà si curieux par lui même, vous pourrez visiter les sarcophages mérovingiens qu'y a déposés et classés le P. de la Croix.

Vous verrez, en outre, à l'intérieur, des peintures remarquables du xii° siècle. Ces peintures représentent l'Ascension du Sauveur qui s'élève vers le ciel en présence des apôtres, plusieurs épisodes de la vie du saint Précurseur, deux Evangélistes, saint Maurice armé d'une lance, et l'image équestre de l'empereur Constantin.

Ce vieil édifice, si vénérable et si digne d'intérêt, en raison de sa haute antiquité, faillit disparaître vers le commencement de la monarchie de Juillet, quand on perça la rue du Pont-Neuf, primitivement appelée rue d'Orléans. Les exigences de l'alignement réclamaient sa destruction. Mais il fut sauvé de la ruine, en 1834, par l'intervention pressante des Antiquaires de l'Ouest, à qui l'Etat, depuis lors, en a confié la garde.

Avant la Révolution, le Baptistère Saint-Jean servait de modeste église paroissiale. Ce fut au Moyen-Age, qu'on ajouta à la construction primitive de l'époque romaine la partie antérieure surmontée d'une bretèche.

En sortant du Baptistère, reprenez la rue Paschal-Le-Coq, que vous suivrez jusqu'au bout, et gagnez à droite la Place de la Cathédrale.

A l'angle de cette Place et de la rue Saint-Maixent, une maison à pignon gothique se montre à vos yeux. C'est une jolie restauration d'un ancien Collège, qu'on appelait *Collège des Deux-Frères*. Sur la façade d'aujourd'hui, on a représenté saint Pierre, au-dessous duquel Urbain Grandier et le diable sont mis en fuite. C'est la réponse à l'esprit sectaire qui a commis l'inconvenance de vouloir imposer à la Place de la Cathédrale le nom du curé de Loudun.

Un peu plus bas, rue Barbate, 3, s'ouvre une porte ogivale, surmontée d'une arcade, de deux pilastres, et d'ornements gothiques.

Autre curiosité, rue Saint-Pierre-le-Puellier, 2 : c'est un large portail, qui est couronné de petites pierres cubiques que terminent de menus frontons triangulaires, pierres espacées les unes des autres, et sur lesquelles on lit cette sentence savoureuse : *Tout par raison, anno 1581* : puis, sur un ovale en légère saillie : *Raison partout*.

Heureux qui peut se rendre à soi-même le témoignage d'avoir su observer ces deux aphorismes !

Remontez des rues basses vers le quartier central, et, vous plaçant derrière l'Hôtel-de-Ville, dans la rue du Puygarreau, donnez-vous la satisfaction d'apprécier, tout à votre aise, le luxueux édifice que Jean Beauce, riche marchand poitevin, fit construire en l'année 1554.

« Au milieu de la façade, une gracieuse tourelle contient l'escalier, éclairé par une série de baies qui suivent le mouvement des marches. L'encoignure de gauche est percée de trois doubles fenêtres superposées, qui s'ouvrent en retour d'équerre, comme si le constructeur eut voulu se jouer de la difficulté, en laissant des parties vides sur le point qui demande le plus de solidité » (1).

Tel est ce charmant bijou de style Renaissance.

Traversons la Place d'Armes, et observons, à droite, entre la rue Gambetta et la rue des Basses-Treilles, le pittoresque effet de cette vieille maison, avec

---

(1) *Guide Archéol.*

sa jolie fenêtre du xve siècle et sa tourelle en encorbellement.

Puis, à gauche, prenons la rue Carnot.

Au n° 7, nous sommes en présence d'une niche qui abrite la statue de saint Nicolas. C'est pour rappeler qu'ici était autrefois une église de ce nom, siège d'un prieuré.

Dirigeons-nous ensuite vers Saint-Hilaire. En parlant de cette basilique, nous avons déjà signalé, à côté de l'abside, comme une des plus belles œuvres de la Renaissance, le Doyenné du Chapitre. Nous nous bornons à le rappeler, et aussi à regretter que ce remarquable édifice soit enclos, sur la rue de la Tranchée, par un mur élevé qui empêche de le voir. Quand donc ce mur sera-t-il remplacé par une grille, qui permettrait à tous d'admirer un des plus intéressants monuments de Poitiers ?

Dans le voisinage, rue Théophraste-Renaudot, 65, un Hôtel moderne, mais de pur style Renaissance, nous montre ses festons, ses médaillons, et ses lucarnes à frontons sculptés et à pinacles.

Même rue, 36, saluons, au passage, la

modeste chapelle des Dames de la Grand-Maison.

C'est là que prit naissance, le 25 décembre 1800, l'Institut Religieux des Sacrés-Cœurs, voué à l'adoration perpétuelle du Saint-Sacrement et à l'éducation chrétienne de la jeunesse.

Cet Institut eut pour fondatrice Mademoiselle Henriette Aymer de la Chevalerie, d'une noble famille du Poitou, et pour fondateur M. l'abbé Coudrin, qui, pendant les jours troublés de la Révolution, déjoua souvent, grâce au pseudonyme démocratique de *Marche-à-Terre*, les recherches acharnées à sa piste.

Des Dames de la Grand'Maison, rendons-nous à la rue Victor-Hugo, 9.

Ce grand portail monumental, si richement travaillé, avec sa frise, ses jolies guirlandes, ses festons, ses quatre colonnes d'ordre corinthien, et ses vantaux de porte aux attributs religieux, est une œuvre de la fin du xviie siècle, qui eut pour auteur l'artiste poitevin Jean Girouard, ou quelqu'un de ses fils, dont quatre embrassèrent sa profession.

Ledit portail précédait l'ancienne église des Augustins, devenue maintenant le Bazar des Galeries Parisiennes. Il y a quelques années, en 1895, les propriétaires, MM. Parent, Goury et Cornet, le cédèrent généreusement à la Société des Antiquaires de l'Ouest, qui en fit la préface du Musée limitrophe qu'elle possède.

Ce Musée, immeuble et collections, est un legs fait aux Antiquaires, en 1886, par M. Rupert de Chièvres.

Il comprend, au fond d'un jardin, trois salles de rez-de chaussée, qui renferment des objets d'art de toute espèce, des ivoires, des émaux, des bronzes, des poteries, de vieux meubles, et des peintures.

Parmi celles-ci, le tableau de *la Sainte Famille* est attribué à Raphaël lui-même, ou à son élève Jules Romain. Quel joyau si cette attribution était parfaitement établie !

Dans la même rue Victor-Hugo, 8, se trouvent un Collège et une gracieuse Chapelle, que les lois combistes ont désaffectés et enlevés à leurs légitimes possesseurs, les Religieux de la Grand-Maison.

A quelques pas, rue Théophraste-Renaudot, 18, dans la cour de l'Hôtel d'Autichamp, à droite et à gauche d'un perron d'escalier, deux pignons gothiques, posés sur le sol, attirent l'attention à cause des chimères dont leur base est accolée. Parmi ces chimères, on remarque surtout la Fée Mélusine, au buste de femme terminé en queue de poisson.

Ces pignons de lucarne proviennent de la ferme de Bernay, vieux manoir et ancienne seigneurie de la commune d'Iteuil.

A peu de distance, rue des Basses-Treilles, 48 et 50, admirons en passant une ingénieuse copie, mais sans imitation servile, du genre Renaissance, œuvre toute récente et habitation de M. Boutaud, architecte.

Rue de l'Industrie, encore une jolie Chapelle moderne, appartenant aux Pères Jésuites, mais que nos lois de proscription ont mise en interdit.

O liberté ! ô fraternité !...

Cette chapelle a été consacrée le 20 juin 1854, par Mgr Pie, évêque de Poitiers, assisté de Mgr Cousseau, évêque d'Angoulême.

Je voudrais à présent, si je le pouvais, vous faire visiter l'ancien Grand-Séminaire, qui est aussi un ancien Carmel, dont Louis XIV, accompagné de sa mère Anne d'Autriche et de la jeune reine Marie-Thérèse, posa la première pierre en 1660.

Dans la Bibliothèque de cette maison

ecclésiastique, est suspendu, au plafond, l'image d'un monstre qu'on appelle *la Grand'Gueule*, et qu'on portait jadis en tête des processions. C'est un énorme dragon, aux ailes de chauves-souris, aux écailles vertes, à la queue de scorpion recourbée en replis tortueux, aux griffes acérées, aux yeux terribles, ouvrant ses deux mâchoires couleur de sang et dardant sa langue venimeuse. Cette sculpture en bois est de 1677 (1).

Mais comment vous faire voir ces curiosités ?...

Séminaire, Grand'Gueule, Bibliothèque, les maîtres du jour ont tout mis sous séquestre et tout accaparé.

Allons donc, sans plus tarder, faire une visite à la Bibliothèque Municipale, annexée aux constructions universitaires de la Place Notre-Dame.

Cette importante Bibliothèque contient beaucoup d'anciens ouvrages, provenant des établissements religieux dépouillés par l'Etat, plus de 200 incunables, et environ 500 manuscrits.

Parmi les manuscrits, on compte plusieurs Evangéliaires sur parchemin,

---

(1) M. de la Liborlière, en ses *Vieux Souvenirs de Poitiers,* a publié une intéressante Notice sur l'origine et le symbolisme de la Grand'Gueule.

dont l'un est de la fin du vIII^e siècle, époque de Charlemagne et d'Alcuin.

On possède aussi, sur vélin, le beau Livre d'Heures de la reine de Naples, Jeanne de Laval, femme du roi René d'Anjou. Ce superbe manuscrit, de la fin du xve siècle, est orné de dessins, de vignettes, et de grandes enluminures.

Enfin, ce qui est une mine éminemment précieuse pour l'histoire du Poitou, ce sont les 89 volumes de manuscrits du bénédictin Dom Fonteneau, volumes que les érudits et les travailleurs intellectuels ne cessent de venir consulter.

Auprès de la Bibliothèque Municipale se trouve, au même étage, la Bibliothèque des Facultés, riche surtout en ouvrages modernes de Littérature, de Droit, et de Sciences.

Le premier bibliothécaire, nommé, le 3 octobre 1792, par arrêté des administrateurs du Département, fut Dom Mazet, ancien bénédictin de l'abbaye Saint-Cyprien de Poitiers.

C'est par ses soins et ses talents que la Bibliothèque Publique, au sortir de la Révolution, fut organisée, et c'est lui qui nous conserva les précieux manuscrits de Dom Fonteneau.

Après la mort de Dom Mazet, 1er mai

1817, le second Bibliothécaire fut l'honorable abbé Gibaud, qui fut également professeur à la Faculté de Droit.

Avant de finir notre promenade en zigzag, nous devons citer encore, au nombre des curiosités archaïques de Poitiers, ses vieilles enseignes de pierre.

Pendant le moyen-âge, et même à une époque plus rapprochée de nous, chaque maison d'artisan, de marchand, ou de traiteur, avait son enseigne. Le plus souvent, cette enseigne consistait en une plaque de tôle suspendue à une tige de fer et se balançant au-dessus de la porte d'entrée. Sur cette plaque, était peint un sujet poétique ou grotesque, symbolique ou original.

C'est ainsi qu'autrefois, dans les rues de Poitiers, à côté de *l'Aigle d'Or*, de *la Sirène*, de *l'Hôtel de la Rose* immortalisé par Jeanne d'Arc, on voyait *l'Oison bridé*, la *Truie qui file*, et la *Procession du Renard*.

Puis, aux enseignes mobiles, on substitua les enseignes sculptées sur pierre. De ces dernières, nous avons encore à Poitiers quelques curieux spécimens.

Dans son Musée lapidaire de la rue des Grandes-Écoles, la Société des Antiquaires en possède trois : l'une qui représente un pélican et ses petits, les deux autres qui représentent une pelle de boulanger.

La première était l'enseigne des Marnef, imprimeurs fameux de Poitiers au xvie siècle.

Quant aux deux autres, l'instrument de travail qu'elles portent explique suffisamment leur destination.

Sur le mur extérieur des Bibliothèques de la Ville et des Facultés, on a placé un vieux cartouche de pierre, qui se trouvait là depuis longtemps, et qui porte une étoile sur champ d'azur. De là le nom de *Place de l'Etoile* donné au carrefour où elle rayonne.

Cette enseigne est des plus flatteuses, n'est-il pas vrai, pour le grand établissement universitaire où elle est placée, et qu'elle semble désigner comme l'étoile littéraire et scientifique de notre province.

Rue du Marché Notre-Dame, 27, au-dessus d'une porte latérale, sous une guirlande de feuilles de chêne, apparaît en haut relief le pavillon d'une tente, avec crépines et lambrequins pendants. Tout porte à croire que c'était l'enseigne d'un riche marchand d'étoffes.

Plus loin, à l'angle des rues de l'Ancienne-Comédie et du Colonel-Denfert, face à la rue des Balances-d'Or, on remarque, au milieu d'un mur crépi, un personnage barbu, qui tient en sa main droite un arbre renversé, dont la racine est en l'air. N'était-ce pas, sans doute, une de ces enseignes de cabaret, qu'on appelle vulgairement un bouchon ?

A l'extrémité méridionale de la rue Rabelais, 34, voici une autre enseigne : celle du phénix.

C'est une sculpture délicate, qui représente un phénix, campé sur un bûcher en flammes, et envisageant fièrement un soleil placé à dextre sur le plan.

Au n° 23 de la rue de l'Est, à l'angle de cette rue et de la rue Rabelais, il existe, au fond d'une cour d'entrée, un Hôtel du XVIIIe siècle, avec fenêtres de forme curieuse, armoiries sur façade, et balustrade au-dessus de la corniche. C'est l'Hôtel actuellement occupé par Mme René de la Rochebrochard.

Rue Carnot, 61, une pierre taillée représente un mouton qui tient un rat sous ses pattes de devant. Nous renonçons à expliquer ce sujet énigmatique, à moins que ce ne soit la vieille enseigne d'un chamoiseur.

Au bas du versant occidental de Poitiers, vers le milieu du boulevard du Grand-Cerf, on voit s'allonger, au-dessus d'une porte cochère, la tête et l'encolure de la douce bête si cruellement aimée des chasseurs. Est-ce cette enseigne qui a donné son nom au boulevard ou est-ce le nom du boulevard qui a inspiré l'enseigne ? Choisissez entre les deux hypothèses.

Au n° 15 de ce même boulevard, à l'angle de deux rues, est l'ancien Hôtel de la Poste aux Chevaux.

Cet ancien Hôtel est une maison historique : car c'est là que Napoléon, quelques jours après Waterloo, écrasé sous le poids de cette suprême défaite, fit halte, pendant une couple d'heures, en la journée du 1ᵉʳ juillet 1815, alors qu'il se dirigeait vers Niort, Rochefort, et Fouras, d'où il devait s'embarquer pour l'île d'Aix, et de l'île d'Aix pour Sainte-Hélène !... La voiture impériale ne monta pas en ville, mais suivit la route extérieure. La chaleur était accablante.

Au-delà du Pont-Joubert, à droite de

la rue de la Croix-Rouge, au-dessus d'une porte basse cintrée sont gravées les deux moitiés d'une anille de moulin, opposées l'une à l'autre par leur côté convexe. C'était évidemment une enseigne de meunier. Elle porte la date de 1609.

Enfin, à l'intersection de la rue de la Cathédrale et de la rue Paschal-Le-Coq, une sculpture très ancienne représente un volatile aux ailes éployées.

Quel est cet emblème ? Nous pensons, avec M. de Chergé, qu'il n'est pas étonnant de trouver près de l'église Saint-Pierre l'image du *coq*, et que ce rapprochement a tout l'air d'une allusion à l'épisode évangélique où il est raconté que le Prince des Apôtres renia trois fois son divin Maître avant le chant matinal du coq.

En terminant, nous avons encore à mentionner deux monuments, bien qu'ils soient de date récente : l'un est le monument élevé dans le square du Lycée, en décembre 1895, sur l'initiative de la Société des Anciens combattants de 1870-71, *à la mémoire des Enfants de la Vienne morts pour la Patrie*, (mais nous n'aimons guère le geste découragé du soldat blessé, à la main tendue comme celle d'un mendiant) : l'autre est le monument élevé, en juillet 1904, au tournant du boulevard de la Préfecture et du boulevard Solférino, *à la gloire des Soldats de nos Colonies*.

Puissent ces deux monuments entretenir dans l'âme des générations nouvelles le feu sacré du patriotisme !

L'obélisque de marbre rose, qui surmonte le premier monument, square du Lycée, appartenait à la construction primitive, élevée, en 1615, devant l'ancien Echevinage, en mémoire de la résurrection d'un enfant par saint Hilaire. Cette construction a été déplacée et modifiée dans sa partie supérieure, en 1777, quand fut ouverte la rue Neuve de la Mairie (aujourd'hui rue Bourbeau).

Le monolithe en marbre a été enlevé et déposé dans la cour de l'ancienne Mairie, puis donné, en 1785, par le Corps Municipal, à M. le baron de Vareilles-Sommières, commissaire des guerres, en reconnaissance de ses excellents offices.

De nos jours, la famille de Vareilles l'a généreusement offert au Comité des Anciens Combattants.

Après avoir orné le monument du grand défenseur de la foi, cette pyramide aura pour destination nouvelle de glorifier les défenseurs de la patrie.

Nouveaux noms de rues

Il ne sera pas sans intérêt, croyons-nous, de faire connaître aux habitants de Poitiers quel genre d'illustration s'attache aux divers personnages dont les noms ont été donnés récemment à quelques rues de la ville.

Aliénor d'Aquitaine, dont le nom remplace celui de la Traverse, est la fameuse comtesse du Poitou, qui vécut de 1122 à 1204.

Elle épousa d'abord le roi de France Louis VII, puis Henri Plantagenet, qui devint roi d'Angleterre, et à qui elle apporta en dot la Guyenne et le Poitou.

Ce fut, avons-nous dit, sous le règne d'Aliénor et d'Henri Plantagenet, en 1162, que fut commencée la construction de notre cathédrale Saint-Pierre, et ce fut Aliénor qui accorda, en 1199, à la ville de Poitiers les franchises municipales.

Elle fut la mère des rois anglais Richard-Cœur-de-Lion et Jean-sans-Terre. Elle finit ses jours à l'abbaye de Fontevrault (Maine-et-Loire), et y fut inhumée.

Pierre Blanchet, dont l'ancienne petite rue Sainte-Triaise porte le nom, est né à Poitiers vers 1459, et y mourut vers 1519.

Tout ce que nous savons de lui nous est appris par Jean Bouchet. Il commença par suivre le palais, composant des poèmes, des rondeaux, des farces satiriques, que jouaient les clercs de la basoche, et dans lesquelles il s'attaquait aux vices et aux abus de son temps.

A plus de quarante ans, il entra dans les ordres, où il passa les vingt dernières années de sa vie, et il consacra depuis lors son talent poétique à des sujets religieux.

Pendant longtemps, on lui a fait l'honneur de lui attribuer une des plus célèbres farces du moyen-âge, celle de *Maître Pathelin*. Mais ce n'est là qu'une conjecture dénuée de preuve (1).

Jean Bouchet, dont le nom a été substitué à celui de rue des Curés, vécut à Poitiers, de 1476 à 1557. Il était procureur à la Sénéchaussée.

Nous lui devons les *Annales d'Aquitaine*, œuvre de 1524, si pleine de renseignements et si utile à consulter pour la vieille histoire du Poitou.

Il écrivit aussi beaucoup d'œuvres

---

(1) Voir *Bibliographie Poitevine*, par A. de la Bouralière, dans les *Mém. des Antiq. de l'Ouest* 1907.

morales et littéraires : entre autres, l'*Histoire et Chronique de Clotaire Ier et de sa très illustre épouse Madame Sainte Radegonde*, les *Renards traversant les périlleuses voies des folles fiances du monde*, l'*Amoureux transi*, le *Temple de Bonne Renommée*, le *Labyrinthe de Fortune*, les *Cantiques de la simple et dévote âme, amoureuse et épouse de Notre Sauveur Jésus-Christ*, etc.

Jean Bouchet habitait une maison à jamais célèbre, l'Hôtel de la Rose, où Jeanne d'Arc fut logée durant le temps de son séjour à Poitiers, rue actuelle de la Cathédrale, 53.

Sa demeure était le rendez-vous de tous les lettrés poitevins. Il eut pour amis le poète Clément Marot et le grand satirique François Rabelais.

Rabelais, dont l'ancienne rue Corne-de-Bouc a pris le nom, n'a pas besoin d'être gratifié d'une notice, tant il est connu par les excentricités de sa vie et de son œuvre monumentale *Gargantua et Pantagruel*.

Ses titres à illustrer une rue de Poitiers, c'est qu'il y fréquenta, au temps de sa jeunesse, les cours de l'Université ; c'est aussi qu'il a dépeint avec humour les joyeuses parties des étudiants de Poitiers au dolmen de la Pierre-Levée, à

Croutelle, et à Passe-Lourdin ; c'est que l'auteur de Grandgousier et de Jean des Entommeures vint plus d'une fois manger et boire à la table de son ami Jean Bouchet ; et enfin, c'est qu'il séjourna quelque temps à l'abbaye de Ligugé, avec l'évêque de Maillezais, Geoffroy d'Estissac, dont il était secrétaire.

Par un facile rapprochement de mots, on a transformé le nom de l'ancienne rue du Coq en celui de *Paschal-Le-Coq*. C'est le nom d'un doyen de la Faculté de Médecine de Poitiers, né à Villefagnan, près Ruffec, en 1567, et mort à Poitiers en 1632.

Pour se perfectionner dans son art, il parcourut les plus célèbres Universités de l'Europe. Outre la médecine, il étudia aussi, avec activité, la botanique, à une époque où cette science était encore inconnue dans la Faculté de Paris.

Théophraste-Renaudot, dont le nom fut donné aux anciennes rues des Hautes-Treilles et de la Chandelière, naquit à Loudun en 1586.

Il fut reçu docteur en médecine à Montpellier, et alla exercer à Paris, où il devint médecin de Louis XIII.

Il ne tarda pas à ouvrir un *bureau*

d'adresses, qui était un centre d'informations et de publicité. De plus, il écrivit des nouvelles à la main, qu'il distribuait dans ses visites, pour distraire ses malades ; puis il songea à les faire imprimer, et fut ainsi conduit à l'idée géniale du journal périodique, auquel il donna, en 1631, le titre de *Gazette*. Ce fut le premier journal français.

Il fonda encore, dans un but philanthropique, une maison de prêt sur gages ou mont-de-piété.

Cet homme de bien mourut dans la pauvreté, en 1653.

On voit, au Musée Municipal de Poitiers, la maquette de la statue de bronze qu'on lui éleva, en 1894, sur une place de Loudun, sa ville natale.

Dans une pensée évidemment hostile envers l'Eglise, on a donné, à l'ancienne Place Saint-Pierre, le nom d'*Urbain Grandier*.

Ce nom rappelle le souvenir de l'étrange curé de Saint-Pierre de Loudun, qui fut condamné, comme coupable de sorcellerie, à périr sur le bûcher, le 18 août 1634.

Nous sommes de ceux qui considèrent la condamnation d'Urbain Grandier, comme une erreur judiciaire, due à l'ignorance et aux préjugés de l'époque.

Mais il n'était pas nécessaire de donner son nom à la Place de la Cathédrale, dans l'intention manifeste de vexer la population religieuse. Si on y tenait, on pouvait du moins placer ce nom ailleurs.

Le modeste plan des Petits-Jésuites est devenu aujourd'hui la place *René-Descartes*.

Les raisons particulières d'honorer en notre ville l'illustre philosophe, c'est d'abord qu'il est né, en 1596, sur les confins de notre province, à La Haye, petite ville de Touraine.

C'est aussi que, par son grand-père, Pierre Descartes, médecin à Châtellerault, rue Bourbon, 126, il était de famille poitevine.

Et enfin, c'est que, en 1616, il vint faire son droit à l'ancienne Université de Poitiers, où il obtint le diplôme de licence.

Le reste de sa vie est raconté dans tous les dictionnaires historiques.

La rue *Thibaudeau*, de création récente, évoque le souvenir de deux personnages poitevins, père et fils.

Le premier, Antoine-René-Hyacinthe

Thibaudeau, naquit à Poitiers, en 1737, et y mourut en 1813.

Il fut avocat distingué, écrivit en six volumes l'*Histoire du Poitou*, ouvrage dédié à Monseigneur le Comte d'Artois, fut successivement nommé procureur-syndic en 1787 à l'Assemblée provinciale, député du Tiers-Etat aux Etats-Généraux de 1789, prit part au serment de la fameuse séance du Jeu de Paume, et devint membre de l'Assemblée Constituante.

En septembre 1791, il fut élu président du Tribunal criminel de la Vienne, puis, au mois d'août 1792, procureur général syndic du département.

Dans ces fonctions judiciaires et administratives, Thibaudeau fit preuve d'un grand esprit de modération, de loyauté, et de justice. Aussi les terroristes de la Vienne le dénoncèrent-ils, en novembre 1793, au Comité de Salut Public, qui répondit qu'il fallait sur-le-champ l'arrêter. Il fut donc emprisonné, et n'échappa à l'échafaud que grâce à la journée libératrice du 9 thermidor.

Le 14 mai 1795, il fut renommé procureur général syndic, et, en 1800, le titre de premier président de la Cour d'appel termina son honorable carrière.

Antoine-Claire Thibaudeau, fils du

précédent, est né à Poitiers en 1765, et mourut à Paris en 1854.

Jeune encore, il accompagna son père aux Etats-Généraux de Versailles, et embrassa avec enthousiasme la cause de la Révolution.

Nommé procureur de la commune de Poitiers, il fut élu, en septembre 1792, membre de la Convention. Il vota la mort de Louis XVI, sans sursis ni appel. Le 6 mars 1795, il fut élu président de la Convention, où il se montra plein d'énergie envers les insurgés de prairial et de vendémiaire. « Je serai toujours, disait-il, la barre de fer contre laquelle viendront se briser les complots des factieux ! » Et le surnom de *barre de fer* lui resta.

Sa popularité était si grande, qu'il fut élu au Conseil des Cinq-Cents par trente-deux départements. Il fut tour à tour secrétaire et président de cette Assemblée.

Rentré dans la vie privée, il se fit inscrire au barreau de Paris.

Le Premier Consul le nomma préfet de la Gironde, et, en 1803, préfet des Bouches-du-Rhône, où il resta jusqu'en 1813. Dans l'intervalle, il fut créé comte de l'Empire.

Sous la Restauration, il fut exilé comme régicide, vécut dans la retraite sous la monarchie de Juillet, et mourut sénateur du Second Empire.

Il a écrit plusieurs volumes de *Mémoires* sur les événements politiques auxquels il fut mêlé, une *Histoire du Terrorisme dans le département de la Vienne*, et plusieurs *Rapports sur l'Instruction Publique*.

On a débaptisé la rue Saint-Savin, pour lui donner le nom de *Pierre-François Piorry*.

Nous ne savons si les auteurs de cette désignation ont eu conscience de ce qu'ils faisaient. Toujours est-il que la glorification de cet homme est une honte et une flétrissure.

Conventionnel farouche, il siégea à côté de Marat et de Robespierre. C'est lui qui installa à Poitiers le tribunal révolutionnaire. Ce tribunal envoya à la guillotine trente-cinq victimes, et il ne tint pas à Piorry que la tête du procureur syndic Thibaudeau ait suivi les autres.

Il envoya en mission à Poitiers son collègue et compatriote Ingrand, et voici la lettre aussi insensée qu'abominable, en date du 15 brumaire an II (5 novembre 1793), par laquelle il annonçait cette mission à la Société Populaire de Poitiers :

« Braves et vigoureux sans-culottes,
« Vous avez paru désirer dans votre sein un bon bougre de représentant qui n'ait jamais dévié des principes, c'est-à-dire un véritable montagnard. J'ai rempli vos vœux, et vous possédez, à cet effet, le citoyen Ingrand parmi vous.
« Songez, braves sans-culottes, que, avec le patriote Ingrand, vous pouvez tout faire, tout obtenir, tout casser, tout briser, tout renfermer, tout juger, tout déporter, tout guillotiner, et tout régénérer. Ne lui foutez pas une minute de patience ! Que, par lui, tout tremble, tout s'écroule, et rentre sur-le-champ dans l'ordre le plus stable » !

Tel est l'homme dont on n'a pas craint d'imposer le nom à une rue de la ville.

Il eut un fils, Pierre-Adolphe Piorry (1794-1873), qui fut un médecin honorable et distingué.

Nous avons dit précédemment, dans l'article sur Saint-Hilaire-le-Grand, ce qu'était l'abbé *Lecesve*, dont le nom a été substitué à celui de la Psalette-Saint-Hilaire.

Nous avons dit également, à propos de la voie d'accession qui porte le nom de *Boncenne*, ce qu'était cet éminent avocat du barreau poitevin, qui fut aussi professeur de procédure civile à la Faculté de Droit.

Il vécut de 1775 à 1840. Ses collègues et ses élèves reconnaissants ont placé son buste au salon d'honneur de la Faculté. Son buste est aussi posé sur la paroi gauche du grand escalier de l'Hôtel de Ville. Et enfin une plaque commémorative de marbre noir a été mise, au côté nord de la Place d'Armes, sur la maison où il est décédé.

L'ancienne rue Saint-Pierre-l'Hospitalier a pris le nom du *Général Demarçay*.

Né en Poitou, l'an 1772, capitaine d'artillerie à vingt et un ans, colonel à trente ans, Demarçay prit part aux guerres d'Italie, d'Egypte, et aux premières campagnes de l'Empire. Il se distingua à Austerlitz, devint directeur de l'Ecole d'artillerie et de génie à Metz, puis guerroya en Espagne.

Mais ses blessures l'obligèrent à prendre sa retraite, avec le titre de général de brigade. Revenu en sa terre natale du Poitou, il s'y occupa d'agriculture : excellente manière d'être encore utile à son pays.

Cependant, les sympathies de ses compatriotes l'envoyèrent siéger à la Chambre des Députés en 1819 et en

1830. Il y soutint toujours la cause des libertés publiques.

Il mourut en 1839, à Saint-Savin.

Le nom de *Jean-Alexandre*, donné à l'ancienne rue de Paille, rappelle une existence bizarre et tourmentée.

Jean-Alexandre a prétendu qu'il était né à Paris et qu'il était fils naturel de Jean-Jacques Rousseau. Mais c'est là une légende : car il est démontré, par un acte conservé aux Archives de la Vienne, qu'il naquit à Coulandon, près d'Argentan (Orne), le 22 juillet 1758, de père et de mère inconnus.

On ne sait par suite de quelles circonstances il vint à Poitiers. Toujours est-il que, à la date du 7 juin 1785, il est reçu au nombre des chantres-chapelains de l'église Sainte-Radegonde. Il était bon musicien, et doué d'un magnifique organe.

Deux ans après, il s'installe, comme doreur-argenteur, rue de la Tranchée, devient chantre au chapitre de Saint-Hilaire, et se marie, le 28 mai 1787, en l'église Saint-Pierre-l'Hospitalier, avec une jeune orpheline, Rose Chenu.

En 1791, il se rendit à Paris, et fut admis comme chantre à Saint-Sulpice.

Partisan des idées de la Révolution, il est élu, en 1792, président de la section du Luxembourg. Plus tard, il fut accusé calomnieusement d'avoir participé aux massacres de septembre, et, en particulier, au massacre de Mgr Dulau, archevêque d'Arles. A cause de cela, il fut même exclu et rayé par la Société Populaire de Poitiers. Mais il protesta énergiquement de son innocence, et il est avéré, par des pièces authentiques que possède la Bibliothèque Municipale des Manuscrits, que, pendant les jours de massacre, il était en voyage à Meaux, et que, à son retour, il sauva la vie de plusieurs prêtres.

Sur la fin de 1792, il est chargé par le ministre Roland d'une mission dans le Loiret, puis il est nommé Commissaire des guerres à Poitiers. Là, il établit une manufacture de sabres, et découvre à Croutelle un gisement de houille, que les événements ne lui permirent pas d'exploiter.

Les représentants du peuple Richard et Choudieu, en tournée dans le département de la Vienne, instituent, le 10 septembre 1793, un Comité de surveillance révolutionnaire, et nomment Alexandre vice-président de ce Comité. S'il fut, dans ces fonctions, un ardent républicain, un peu farouche et déclamatoire en ses discours, il ne fut pas du moins un homme sanguinaire, quoi qu'en ait dit le procès-verbal de la Société Populaire de Poitiers (1).

Peu après, il est nommé par le ministre Pache Commissaire général des troupes du Puy-de-Dôme, organise en peu de temps une armée de 80.000 hommes, et la conduit au siège de Lyon. C'est là qu'il eut l'idée de faire venir un des frères Montgolfier, et de lancer au-dessus de la ville un ballon, qui répandrait en forme de pluie des imprimés destinés à instruire les habitants. Mais la ville se rendit, faute de vivres, avant que le ballon fût lancé. Les massacres qui suivirent révoltèrent la conscience d'Alexandre. Il eut le courage d'en exprimer tout haut son indignation, et peu s'en fallut que Collot-d'Herbois ne l'envoyât à la guillotine.

Le 13 décembre 1793, le Conseil exécutif de Paris lui conféra le grade d'Agent supérieur de l'armée de l'Ouest. Il occupa ces hautes fonctions jusqu'au 13 juin 1795, date à laquelle la Convention Nationale le nomma Commissaire des guerres à Bourges.

Dans ces diverses situations, sa probité fut telle, qu'il en sortit absolument

---

(1) Procès-verbal reproduit par Thibaudeau en son *Histoire du Terrorisme dans le départ. de la Vienne*.

pauvre. et dut reprendre à Poitiers son métier de doreur.

Il employa les loisirs de sa vie privée à d'ingénieux travaux. C'est ainsi qu'il présenta à une séance du Lycée, tenue le 20 mai 1800, un genre de chariot « qui, par un levier que l'homme foulait aisément, se mouvait avec rapidité, franchissait un plan élevé, et parcourait sans danger une surface inégale ». Cette machine était apparemment une sorte de vélocipède.

En 1802, il eut encore la gloire d'inventer le télégraphe électrique à cadran. Il en fit les premières expériences dans sa propre maison, rue de la Tranchée, 13, en présence du préfet de la Vienne. de l'ingénieur en chef, et autres personnes notables. Mais il ne put malheureusement faire accepter sa découverte par le Premier Consul.

Il alla ensuite se fixer à Bordeaux, où il fut directeur d'un Panorama, et chantre à l'église métropolitaine, dont l'archevêque était Mgr d'Aviau du Bois de Sansay, ancien chanoine de Saint-Hilaire de Poitiers.

Alexandre inventa, en cette ville de Bordeaux, une machine hydraulique pour filtrer les eaux de la Gironde, prit un brevet d'inventeur, monta une société, mais fut obligé, faute d'actionnaires, d'abandonner son projet. Pour comble d'infortune, le Panorama, représentant le siège de Lyon, fut emporté par une bourrasque.

En 1809, Alexandre quitta Bordeaux pour Angoulême, où il fut chantre à la cathédrale Saint-Pierre, jusqu'à l'époque de sa mort, qui arriva le 31 octobre 1831. Jusqu'au terme de sa vie, sa belle voix d'église fut sa grande ressource.

Peu avant sa mort, il avait soumis au gouvernement de Louis-Philippe, un projet d'aérostation militaire.

Malgré son génie inventif, il mourut dans l'indigence, âgé de soixante-treize ans, et sa veuve vint finir ses jours à Poitiers, rue Penthièvre, 3, où elle mourut dans la plus grande misère, le 18 juin 1853, à l'âge de 89 ans (1).

Somme toute, le nom de Jean-Alexandre honoré la ville de Poitiers, et c'est à juste titre qu'on a voulu conserver son souvenir.

Un honorable habitant de Poitiers, Jean-Augustin *Riffault*, ancien magistrat, et ancien administrateur des Hospices, légua à ceux ci, par ses testaments

---

(1) Tous ces détails sont empruntés au dossier manuscrit que nous a communiqué M. Prosper Puisay et qui provient de la veuve de Jean-Alexandre.

du 6 octobre 1832 et du 23 février 1835, la majeure partie de sa fortune, pour une valeur d'environ 200.000 francs. C'est pourquoi son nom a été donné aux anciennes rues des Trois-Cheminées et des Quatre-Vents qui conduisent à l'Hôtel-Dieu.

Il institua aussi, sous la direction des Sœurs de la Sagesse, l'école primaire du faubourg Saint-Simplicien. Contrairement à la volonté formelle du testateur, cette école religieuse a été transformée en école laïque.

M. Riffault était né à Vouillé en 1749. Il est mort à Poitiers, rue Place d'Armes, le 2 mars 1835, à l'âge de 86 ans.

Voici un extrait de son testament olographe du 6 octobre 1832 :

« Les biens que je possède étant en bonne partie d'acquêts, et n'ayant d'héritière collatérale qu'une des personnes les plus riches du département de la Vienne, je ne puis sans doute mieux faire que de consacrer ce que j'ai au soulagement des malheureux infirmes et à l'instruction primaire de la classe indigente ; mû par ces considérations qui sont l'objet de toute ma sollicitude, je donne et lègue... etc. »

On a baptisé l'ancienne rue Saint-Cybard du nom de *Sylvain-Drault*.

Ce personnage est né à Poitiers en 1795.

En 1815, il interrompit ses études de droit, pour aller défendre son pays et combattre l'invasion étrangère. Il fut reçu avocat en 1819, et, tout jeune encore, en 1822, il fut désigné d'office pour assister le général Berton coupable de conspiration militaire, auquel on avait refusé un défenseur de son choix et qui, pour ce motif, avait résolu de ne pas se défendre. Sylvain Drault s'associa aux vues de l'accusé, refusa de porter la parole devant la cour d'assises, et, pour cet acte d'insoumission fut rayé du tableau des avocats.

Sous la Restauration, comme sous la Monarchie de Juillet, il compta parmi les militants de l'opinion libérale.

En 1830, il accepta les fonctions d'avocat général à Poitiers, fut élu député de la Vienne en 1833, et ne cessa jusqu'à sa mort, survenue en 1848, de représenter au Parlement la circonscription de Poitiers.

Aux élections de 1846, les légitimistes, sur le conseil de Berryer lui-même et des hommes les plus considérables de leur parti, votèrent, contre le candidat du gouvernement, pour Sylvain Drault, à condition qu'il soutiendrait la liberté de l'enseignement. L'élection fut ensuite annulée pour cause de mandat impératif. Mais Drault fut de nouveau élu par l'alliance des libéraux et des légitimistes.

Au nom de l'ancienne rue Neuve de

la Mairie, a succédé celui de Louis-Olivier *Bourbeau* (1811-1877).

Elève et neveu de Boncenne, Bourbeau se distingua à la fois comme professeur, comme avocat, et comme législateur.

Après avoir fait de brillantes études au collège de Sorrèze, il suivit les cours de Droit aux Facultés de Toulouse et de Poitiers.

En 1841, il succéda à son oncle Boncenne dans la chaire de procédure civile, où il ne cessa d'enseigner jusqu'à sa mort, sauf le temps durant lequel ses devoirs de député ou de sénateur l'appelaient à Paris.

Il eut au barreau de remarquables succès.

Maire de Poitiers en 1847 et 1848, représentant du peuple à l'Assemblée Constituante, où il vota ordinairement avec les démocrates modérés, il fut réélu, en 1869, membre du Corps Législatif, comme candidat officiel, contre Thiers. Il s'était donc rallié au gouvernement de l'Empire, et, au mois de juillet suivant, il devint Ministre de l'Instruction Publique, jusqu'au 2 janvier 1870.

C'est lui qui posa, en grande solennité, le 31 octobre 1869, la première pierre du nouvel Hôtel-de-Ville.

Après 1870, Bourbeau revint prendre

sa place au barreau de Poitiers et à la Faculté. Mais, en 1875, par un élan spontané, le département de la Vienne l'envoyait au Sénat, où il défendit par un éloquent discours le mariage et la famille.

Il mourut le 6 octobre 1877, en sa propriété de Fontaine, commune de Chasseneuil.

Il était sénateur, président du Conseil Général, doyen de la Faculté de Droit, commandeur de la Légion d'Honneur et officier de l'Instruction Publique.

Son buste est exposé sur la paroi du grand escalier de l'Hôtel de-Ville, à droite.

Le nom d'*Arsène Orillard* remplace celui des deux anciennes rues du Gervis-Vert et du Petit-Maure.

Arsène Orillard était Directeur de l'Ecole de Médecine, membre du Conseil Général, et officier de la Légion d'Honneur.

Il fut Maire de Poitiers, une première fois, du 2 mai 1848 au 25 août 1851, et, une seconde fois, du 19 mai 1871 au 18 septembre 1879, époque où il décéda, âgé de 73 ans.

Le lendemain de sa mort, à la séance du Conseil Municipal, « le Premier Adjoint rappelle les longs et importants services rendus par le défunt, son rare désintéressement, son dévouement absolu aux intérêts de ses concitoyens, et propose que ses funérailles soient célébrées aux frais de la ville, à laquelle il a toujours donné le meilleur de son temps.

« Cette proposition est acceptée à l'unanimité, afin de donner à l'homme de bien qui n'est plus un éclatant témoignage de respect et de reconnaissance. »

M. Orillard avait pour demeure le n° 48 de la rue qui porte son nom.

Le nom de *Jules Ferry*, donné à l'ancienne rue Sainte-Triaise, et celui de *Paul Bert*, donné à une rue nouvelle, sont les noms de deux hommes politiques, grands laïcisateurs, que tout le monde connaît.

En raison de leur rôle important dans le domaine scolaire, on a tenu à placer sous leur patronage deux rues où se trouvent des écoles laïques.

De l'ancienne rue d'Enfer, on a fait la rue du *Colonel Denfert-Rochereau*.

Aristide Denfert-Rochereau est né, en 1823, à Saint-Maixent. Il termina ses classes au Lycée de Poitiers, et obtint, en 1841, le prix d'honneur de mathématiques spéciales.

Jeune officier, il se distingua à l'assaut de Malakoff et en Algérie. En 1861, il fut nommé commandant du génie dans la ville dont la défense devait l'illustrer, à Belfort.

Promu colonel et gouverneur de la place en 1870, il défendit Belfort avec une indomptable énergie, malgré le bombardement des canons prussiens, et n'en sortit que sur l'ordre formel du gouvernement de la Défense Nationale. Grâce à Denfert-Rochereau, Belfort est la seule place de guerre qui n'ait pas alors capitulé devant l'ennemi. Elle est restée française, et garde la trouée des Vosges.

Après la guerre franco-allemande, Denfert fut député du Haut-Rhin, puis de la Charente-Inférieure et de Paris. Il siégea à gauche, parmi les partisans de la politique de Gambetta, et mourut à Versailles en 1878.

Sa statue de bronze se dresse sur la place publique de Saint-Maixent.

Les noms de *Scheurer-Kestner* et d'*Edouard Grimaux*, donnés, le premier à l'ancienne rue de la Baume, le second à l'ancienne rue de l'Industrie, n'ont aucun rapport à notre histoire locale. Ils se rapportent uniquement à l'affaire Dreyfus, qui troubla si profondément notre pays.

Scheurer-Kestner (1833-1899) était un

homme politique républicain et grand industriel, né en Alsace, à Mulhouse.

Edouard Grimaux (1835-1900) était un savant chimiste, professeur à l'Ecole Polytechnique, né à Rochefort-sur-Mer.

Mais leur grand mérite, aux yeux de nos conseillers municipaux, c'est que l'un et l'autre ont soutenu publiquement l'innocence de l'accusé et demandé la révision de son procès. Or était-il bon d'éterniser sur les murs de Poitiers le souvenir de nos divisions intestines ?

Le nom de *Victor Hugo*, donné à la rue de la Préfecture, celui de *Gambetta*, donné aux anciennes rues de Saint-Porchaire, de la Mairie, et de Saint-François, celui de *Carnot*, donné aux anciennes rues des Halles et des Trois-Piliers, sont trois noms célèbres qui appartiennent à l'histoire générale de la France.

Il suffit de les citer.

La rue *Henri-Oudin*, de création récente, perpétue le souvenir de l'honorable imprimeur, qui fonda en cette rue le grand établissement typographique, qui a été et est encore pour notre ville une source de richesse, de prospérité, et de travail.

C'est à la demande des ouvriers de la Société Française d'Imprimerie et de Librairie, que la rue Oudin a été ainsi dénommée. Honneur à la reconnaissance et à la délicatesse de ces braves gens !

M. Oudin, né à Vouvray, en 1816, est mort à Poitiers, en 1875, à l'âge de 59 ans. Quand il acheta en 1842 le fonds de M. Barbier, cette maison n'occupait que sept ouvriers. A sa mort, elle en occupait 400. Il a fondé le *Courrier de la Vienne* le 16 décembre 1851, et la *Semaine Religieuse* au commencement de 1864.

Une autre rue, récemment créée à droite du faubourg de la Tranchée, dans le quartier de Chilvert, a reçu le nom de *Jules Picault*.

C'est le nom d'un ancien magistrat impérial, mort le 4 janvier 1878, à l'âge de 89 ans.

Par acte du 1er juillet 1853. il donna à la ville une somme de 12000 francs, dont les revenus annuels sont affectés au soulagement des indigents.

Il donna aussi à la ville deux immeubles, qui ont servi au prolongement de la rue des Ecossais et du boulevard de la Préfecture.

Enfin il légua à la Société des Antiquaires de l'Ouest le monument mégalithique. ainsi que les bois de la Pierre-Levée.

Son nom donné à l'une de nos rues est donc un légitime hommage rendu à sa mémoire.

Pour les noms de *Claveurier*, de *Le Bascle*, de *Pierre Rat*, et de *Scévole de Sainte-Marthe*, nous renvoyons à nos précédents articles sur l'ancien Echevinage.

Terminons enfin cette nomenclature par quelques détails sur les noms que le Ministère de la Guerre a placés au frontispice des casernes de Poitiers.

Le quartier des Dunes porte le nom du général d'artillerie *Aboville* (1730-1817). Ce général est né à Brest. Il eut, en 1781, une part brillante à la prise de Yorktown, dans la guerre de l'indépendance américaine, et, en 1792, à la victoire de Valmy.

Le quartier de Montierneuf porte le nom du général d'artillerie *Dalesme* (1763-1832). Ce général est né à Limoges. Sous la première République, il fit les campagnes d'Allemagne et d'Italie, puis les campagnes de l'Empire. En 1815, il fut nommé gouverneur de l'île d'Elbe.

L'ancienne caserne du Petit-Séminaire porte le nom du général *Rivaud de la Raffinière*. C'était un vétéran de la Grande Armée.

Olivier Rivaud, comte de la Raffinière. est né à Civray en 1766. Il devint sous l'Empire général de division, et conquit presque tous ses grades sur les champs de bataille.

Il fut envoyé par Napoléon auprès du Pape, pour une mission spéciale dont il s'acquitta avec autant de prudence que de dignité.

Il commanda, en temps de paix, plusieurs divisions militaires. Son dernier commandement fut celui de Rouen. Il prit sa retraite à Poitiers, où il mourut le 17 décembre 1840.

Le Parc de Blossac

Outre ses vieux monuments, ce qui fait la gloire de Poitiers, c'est la vaste et belle promenade de Blossac.

Quelle majesté dans cette longue allée, droite et spacieuse, accostée d'allées plus étroites dont les arbres se rejoignent en charmille ! Mais surtout, quel panorama enchanteur, quand, de la terrasse du midi ou de la tour à l'oiseau, le regard plonge sur la ravissante vallée du Clain, sur les épais bouquets de verdure disséminés çà et là, sur les rochers abruptes pointant à travers les bois touffus, sur le cirque immense des coteaux de l'Ermitage, et sur la belle campagne d'alentour !

En bas, la rivière serpentante et paresseuse, qui semble dormir, au pied des hautes collines, entre des rideaux à grands ramages, deux rideaux de peupliers, et dont la surface, glauque et moirée, est pareille à du métal en fusion ; à la sortie du tunnel, la voie ferrée qui anime le paysage ; sur le plateau de la Tranchée et des Trois-Bourdons, les coquettes villas qui étalent complaisamment leurs atours, et la flèche des Petites-Sœurs-des-Pauvres, semblable à un obélisque; au loin, dans une brume de couleur mauve, la svelte pyramide du clocher de Saint-Benoît et les bois sombres de Mauroc ; plus près de nous, le parc d'artillerie, avec ses toitures rouges et ses magasins alignés ; puis, à gauche, la perspective variée de l'écluse de Tison, du faubourg Saint-Cyprien, du faubourg du Pont-Neuf, de l'église Sainte-Radegonde, et, sur la hauteur qui ferme l'horizon, la grande caserne des Dunes et la statue dorée de Notre-Dame.

C'est un spectacle merveilleux, et peut-être unique en France ! Par un ciel ensoleillé, une vraie féerie d'apothéose !

Oh ! qu'il fait bon de venir là, à l'ombre des sous-bois, le long des vertes pelouses, se promener, rêver, se détendre l'esprit, causer familièrement avec des amis, respirer l'air pur à pleins poumons, ou, du haut des remparts qui dominent la vallée, « se rincer l'œil » de la vue d'une reposante et poétique nature !

On a aussi le plaisir d'entendre à Blossac, deux fois par semaine, les attrayantes harmonies de la musique militaire.

Les dimensions des Champs-Elysées de Poitiers sont les suivantes :

Contenance.	9 hec. 31 a.
Longueur depuis la porte d'entrée jusqu'au rempart du fond.	525 mètres
La plus grande largeur est de	240 »
La plus petite largeur est de	110 »
Largeur de la grande allée.	11 m. 50
Largeur des allées latérales.	5 m. 50

C'est là que vient, en la soirée du dimanche et des jours de fête, se récréer le Tout-Poitiers, et que le beau monde féminin vient surtout faire admirer ses capricieuses coiffures et ses élégantes toilettes.

Cette promenade renommée eut pour créateur Paul-Esprit-Marie de la Bourdonnaye, comte de Blossac, dont les armoiries parlantes — *trois bourdons d'argent sur champ de gueules* — figurent au-dessus de la grille d'entrée.

Il naquit le 29 août 1716, au château de Blossac, près de Rennes, et fit ses études à l'Université de cette ville. Quand il fut nommé, en 1751, intendant de la Généralité de Poitiers, il était conseiller au Parlement de Paris.

Son arrivée à Poitiers, le 14 novembre 1751, coïncida avec la fête donnée à l'occasion de la naissance du duc de Bourgogne. Selon le désir du roi, douze mariages de jeunes filles pauvres furent célébrés, ce même jour, à la Cathédrale, par Mgr de la Marthonie de Caussade, évêque de Poitiers, avec le concours de M. l'Intendant, de Mme de Blossac, du Maire, des Échevins, des fifres et tambours du Corps de Ville. Il y eut banquet matin et soir, grand *Te Deum* à la Cathédrale, et feu d'artifice sur la Place Royale.

M. de Blossac resta chargé des fonctions d'intendant jusqu'en 1784, époque à laquelle il se retira en son château de Bretagne.

Pendant les trente-trois ans de sa résidence en Poitou, il se montra un administrateur plein de zèle, d'activité, et de bienfaisance.

En temps de disette, il assemblait les notables chez l'évêque, afin de pourvoir aux besoins des indigents.

Les échevins avaient l'habitude d'offrir au maire un banquet, le 14 juillet, jour de la prestation de leur serment. L'intendant leur conseilla de renoncer à cette dépense, et d'en consacrer l'argent « à l'utilité publique et notamment au casernement des troupes ». Aussi, en 1755, le maire pouvait-il annoncer, avec un légitime orgueil, que le dîner de cette année-là avait été transmué en huit lits, accompagnés de draps et serviettes.

Mme de Blossac donnait à tous l'exemple de la charité. Elle avait organisé une réunion de dames, où l'on s'occupait à façonner des vêtements pour les pauvres.

Quelquefois, c'était Mlle de Blossac elle-même qui mettait sa grâce de jeune fille et sa bourse de quêteuse au service des malheureux.

A la mort de Mme de Blossac, la ville entière prit le deuil. On peut lire encore, sur plaque de marbre blanc, au pilier de l'avant-chœur de la Cathédrale, à droite, l'épitaphe de cette digne et excellente femme.

Le beau parc dont nous sommes justement fiers se nommait primitivement la terre des Gilliers, nom d'une ancienne et riche famille poitevine, qui en avait été propriétaire.

Nous avons connu des vieillards qui appelaient encore cette promenade les *Gilliers*.

A l'origine, c'était un terrain inculte, montueux, coupé de rocs et de ravins.

Le comte de Blossac l'acheta, en 1753, au nom du roi. Il y ajouta un pré appartenant au Chapitre de Saint-Hilaire, une parcelle du jardin des Capucins, et trois biens particuliers.

Il fit abattre, en outre, la rue de l'Engin, qui s'étendait le long du rempart, entre la Tour à l'Oiseau et la Porte de la Tranchée.

Puis l'intendant fit niveler tout cet espace, y fit dessiner des allées, et le planta d'ormeaux et de tilleuls. Dans les allées du milieu, les tilleuls furent remplacés en 1837.

Cependant, ce n'est qu'après M. de Blossac, en 1786, que l'on construisit le rempart du fond, en copiant avec goût le style des fortifications du moyen âge.

Quant à la Tour à l'Oiseau, c'est un reste de l'ancienne enceinte, et son nom lui vient de ce que les arbalétriers et arquebusiers venaient là s'exercer à tirer les oiseaux au vol.

A la place du grand pré où la jeunesse et les équipes du foot-ball vont prendre aujourd'hui leurs ébats, où sont tirés les feux d'artifice, et où se donnent les concours hippiques, on avait planté, d'après un dessin symétrique, un épais bosquet de mûriers rabougris, dont le terrain, au centre, se relevait en éminence. Ce bosquet, à la mode du temps, portait le nom de labyrinthe. Il fut supprimé en 1798.

En achetant la terre des Gilliers, M. de Blossac en voulut faire d'abord une pépinière de mûriers, et il y eut, pendant quelque temps, rue de la Tranchée, vis-à-vis la rue de la Baume, une magnanerie ou établissement de vers à soie. Mais l'entreprise échoua bientôt.

Toutefois, le dévoué intendant voulait aussi donner à la ville une place pour ses fêtes, de l'air, et de la verdure.

La première fête qu'on y célébra — c'est pour notre promenade un **glorieux** baptême — eut lieu à l'occasion de la prise de Minorque sur les Anglais : brillant fait d'armes qui inaugura joyeusement la triste guerre de Sept Ans.

Cette première réjouissance publique à Blossac eut lieu le 9 août 1756. Un feu d'artifice fut tiré, et des fontaines de vin coulèrent en abondance. Mme l'Intendante dansa avec M. le Maire, en présence de Mgr l'Archevêque de Bordeaux, de Mgr l'Evêque de Poitiers, de M. l'Intendant, et de nombreuses personnes de distinction.

M. de Blossac n'était pas encore satisfait de son œuvre. Il rêvait d'ouvrir à Poitiers une sorte de voie triomphale, une grande rue droite, aux maisons somptueuses, allant des Gilliers à la Place Royale, la Place d'Armes actuelle.

On peut voir, à l'angle de cette Place et de la rue Carnot, l'ancien Hôtel du comte de Nieuil, occupé par le magasin Gorini et le Cercle Saint-Hubert. C'était la première amorce de la grande voie projetée par l'intendant du Poitou.

Déjà, à force d'économies, il avait amassé pour cette entreprise 50.000 écus somme énorme pour l'époque. Mais en 1778, le contrôleur général Necker, aux prises avec de grosses difficultés financières, parvint à persuader à M. de

Blossac que ses fonds seraient plus en sûreté dans le Trésor Public. Onques ils n'en sont sortis.

Puis la Révolution arriva, et le beau projet de M. de Blossac, avec bien d'autres choses, fut emporté dans la tempête (1).

Voilà comment Poitiers n'eut pas l'avantage ni l'honneur d'être modernisé.

Mais, du moins, il lui reste son magnifique parc.

Pendant la Révolution, ce parc fut appelé démocratiquement le *Parc National*, et servit à de multiples fêtes civiques et jacobines, où le peuple accourait en masse ; on banquetait, on dansait, on chantait, on vociférait, on livrait aux flammes ou on foulait aux pieds les attributs de la « tyrannie », et des orateurs frénétiques, en termes pompeux et délirants, exaltaient « la liberté et la fraternité » (2).

Depuis lors, Blossac a servi indifféremment aux manifestations de tous les

---

(1) *Le Comte de Blossac*, par Hauser, 1892, et *Mém. des Antiquaires de l'Ouest*, 1855, notice par M. Pilotelle.

(2) Voir *la Révolution au Parc de Blossac*, par Henri Carré, prof. à l'Université de Poitiers, 1897.

régimes, comme il sert maintenant à la célébration annuelle du 14 juillet et aux diverses fêtes de la population poitevine, auxquelles il offre un cadre si harmonieux.

De chaque côté de l'entrée, ont été posées, vers la fin du Second Empire, deux statues de marbre, dont les sujets forment un contraste mêlé de charme et de mélancolie, comme dans la vie elle-même : la *Joie Maternelle* et la *Douleur Maternelle*.

Ce sont deux belles œuvres du sculpteur Etex.

Le joli parterre anglais, situé à droite de la grande allée, fut créé au déclin du siècle dernier, à l'occasion d'une Exposition d'horticulture.

Mais, par l'alignement de ses allées et par son ordonnance générale, l'ensemble du parc rappelle fort bien le grand style français, le style noble et majestueux des jardins de Versailles dessinés par Lenôtre.

A la gloire du comte de Blossac, ajoutons que c'est lui qui, pendant son intendance, dota également de leurs promenades les villes de Châtellerault,

Saint-Maixent, Lusignan, et Fontenay-le Comte.

Poitevins, donnez-lui tous un souvenir reconnaissant !

L'Hôtel-de-Ville

Le plus beau monument moderne de Poitiers, c'est l'Hôtel-de-Ville.

Il s'élève sur le côté est du quadrilatère de la Place centrale, qu'on appelait, au moyen-âge, en raison de sa destination, le *Marché-Vieil*, puis qu'on appela *Place Royale*, après la cérémonie du 25 août 1687.

« Ce jour-là, eut lieu, avec grande pompe, et accompagnement de cloches, sermons, tambours, trompettes, scènes théâtrales et mythologiques, ballets, feux de joie, symphonies, soupers publics, et danses, l'érection d'une statue de Louis XIV, par le Corps des Marchands de la ville de Poitiers. Le prince était debout, habillé à la romaine, avec un manteau fleurdelisé » (1).

Cette statue était l'œuvre du sculpteur poitevin Girouard.

Elle fut renversée le 18 août 1792.

---

(1) Ch. de Chergé.

La tête seule en est conservée au Musée de la ville.

Dès lors, au nom de Place Royale, succéda le nom de Place d'Armes. C'est, de nos jours, le forum poitevin.

Cette place a été considérablement agrandie, au moment de la construction du nouvel Hôtel-de-Ville, qui supplanta de modestes boutiques de négociants et d'artisans, ainsi que l'ancien Collège de Puygarreau, succursale du Lycée, avec lequel ce Collège communiquait par une sorte de pont.

C'est alors qu'on perça, face à l'Hôtel-de-Ville, la rue Victor-Hugo, qui fut d'abord appelée rue de la Préfecture.

Quelques années auparavant, en 1859, avait été ouverte, au midi de la Place d'Armes, à travers les ruines du vieil amphithéâtre romain, la rue Magenta, souvenir de la campagne d'Italie et d'une des dernières victoires remportées par nos troupes dans une guerre européenne.

La première pierre de l'Hôtel Municipal fut posée solennellement, le dimanche 31 octobre 1869, par M. Bourbeau, ministre de l'Instruction Publique, député de la Vienne, et ancien maire de Poitiers, assisté des fonctionnaires de tout ordre, et des autorités civiles, militaires et religieuses.

L'architecte du monument fut M. Guérinot, dont l'œuvre a certainement grand air, avec son campanile entouré de génies et de lions, avec son fronton décoré des deux statues colossales de la *Science* et de l'*Agriculture*, avec ses deux pavillons latéraux, avec ses larges ouvertures, ses pilastres, et sa riche ornementation de style Néo-Renaissance.

C'est surtout au soir d'une belle journée qu'il faut le contempler, quand les rayons du soleil couchant incendient de leurs feux les vitraux de ses grandes fenêtres, et viennent frapper directement sa blanche façade, qu'ils revêtent de tons d'or.

Il est à regretter que certains détails ne soient pas encore terminés. C'est ainsi que, sur la façade, six médaillons attendent les mosaïques ou les peintures qui doivent les décorer, et que, dans la grande salle des fêtes, six panneaux attendent également une décoration artistique, sans compter que le plancher de cette salle est de la dernière vulgarité.

Quand mettra-t-on fin à ces diverses lacunes ?

Analysons maintenant les beautés intérieures du monument.

Le rez-de-chaussée comprend un ample vestibule, et trois grandes salles disposées en fer à cheval, où se trouve le Musée.

La perle de ce Musée, c'est la statue antique de Minerve, statue de marbre blanc découverte le 20 janvier 1902. Avec raison, on lui a donné, dans la plus belle salle, la place d'honneur. Les plus riches Musées d'Europe n'ont point sa pareille.

De plus, le Musée de Poitiers contient une précieuse collection de silex taillés, de monnaies grecques, de jolies faïences, de remarquables émaux, dont plusieurs sont du xiie ou xiiie siècle, des crédences en ébène, des armoires de Boule, des vieilles armures : voilà pour la partie archéologique.

Et pour la partie artistique, il renferme une collection de dessins originaux signés de noms célèbres, des maquettes de statues, des marbres sculptés, de bons tableaux de Bonnat, de Luminais, de Brouillet, de Perrault, d'Alfred de Curzon, de Brunet, et autres artistes.

Les œuvres d'Alfred de Curzon sont aussi nombreuses que remarquables.

Elles occupent toute une partie du Musée.

Les deux grandes et belles toiles de Brouillet, d'une expression et d'un réalisme parfaits, sont : *l'Exhumation de l'évêque d'Urgel par ordre des Inquisiteurs* et *un Soir de paie dans un chantier de construction*.

Un autre tableau des plus suggestifs au point de vue local, c'est la *Figure et Plan de la Ville de Poictiers assiégée en 1569*. Ce tableau est dû au pinceau naïf de Nautré, notre compatriote du XVIIe siècle, qui l'exécuta en 1619, par le commandement de Messire Jean Pidoux, maire, et de Messieurs les Echevins, pour commémorer l'héroïque défense de notre cité contre l'armée de Gaspard de Coligny. Les écussons, les monuments, et les détails pittoresques de cette peinture, constituent une page éminemment intéressante de notre histoire poitevine.

Sur le vestibule du rez-de-chaussée, gardé par deux énormes lions, s'ouvre un escalier monumental qui conduit aux salles supérieures.

A la naissance de la voûte qui couvre cet escalier, des médaillons dorés nous font voir quatre illustrations du Poitou : le jurisconsulte Tiraqueau, le mathématicien François Viète, l'administrateur Scévole de Sainte-Marthe, et le médecin Théophraste Renaudot, fondateur du journalisme et de la première gazette de Paris.

Aux parois latérales de l'escalier, on admire deux toiles de Puvis de Chavannes, datées de 1874. L'une nous montre *Charles Martel devant l'évêque de Poitiers, après sa victoire sur les Sarrasins.* L'autre nous montre *Sainte Radegonde et l'abbesse Agnès, en leur monastère de Sainte-Croix,* écoutant le poète Fortunat qui tient en main un manuscrit et qui déclame une de ses œuvres, tandis qu'au fond du cloître se déroule une théorie de blanches moniales et que d'autres vaquent à des travaux d'intérieur.

En cette dernière composition paisible, lumineuse, et charmante, Puvis de Chavannes nous a conservé, dans un groupe, à gauche, les traits de son ami et contemporain Théodore de Banville, aux pieds duquel gît une branche de laurier vert, et, derrière ce poète, le maître s'est peint lui-même.

Dans le tableau qui représente Charles Martel sur son cheval, à la tête des guerriers francs, et portant à la main, sous la bénédiction de l'évêque, sa hache de combat, il y a aussi un remarquable groupe de captifs maures, qu'assistent des femmes chrétiennes.

Par la sobre tonalité des couleurs et la délicate sûreté du dessin, ces deux toiles sont tout à fait dignes du maître illustre qui les a signées.

Entrons dans la grande salle, qui occupe le milieu de l'édifice.

Devant nous, s'épanouit un vitrail polychrome, lequel a pour sujet *la reine Aliénor d'Aquitaine signant la charte des franchises communales de Poitiers.*

Ce vitrail est de belle facture et d'une composition pleine de vie. Mais il a le tort, pour un archéologue, d'exprimer quelques anachronismes.

Par exemple, Aliénor est représentée en jeune princesse. Or il est avéré qu'en 1199, lorsqu'elle accorda les franchises municipales de Poitiers, elle était âgée de soixante-dix-sept ans.

En second lieu, le vitrail place la scène à Poitiers même, qui laisse voir la silhouette de ses vieux monuments. Or la charte royale ne fut pas signée à Poitiers, mais à Niort.

Quittons le vitrail, et portons nos regards vers le plafond. Nous y voyons une vaste peinture de Jean Brunet, artiste poitevin : c'est *la réception triomphale de Duguesclin à Poitiers, après l'expulsion des Anglais,* le 7 août 1372.

A droite de la grande salle, se trouve celle du Conseil Municipal.

Au plafond, trois peintures de Bin. La plus grande, celle du milieu, c'est *la Ville de Poitiers, qu'accompagnent la Justice et la Force Publique, implorées par la misère du peuple.* A droite et à gauche de cette allégorie, deux autres allégories du *Clain* et de la *Boivre*.

De l'autre côté de la salle des fêtes, se trouve la salle des Mariages.

Par-dessus le manteau de la cheminée un tableau de l'artiste poitevin Perrault représente *le Serment des jeunes époux sur les Tables de la Loi.*

Au plafond, du même artiste, c'est *le Triomphe de l'Hyménée.*

Sur des banderolles fleuries qui ornent ce plafond, on a inscrit, avec un juste à-propos, les principales vertus qui doivent être celles du mariage : d'une part, c'est l'aménité *(amenitas)*, l'harmonie *(harmonia)*, la fidélité *(fides)*, et, d'autre part, c'est la délicatesse *(comitas)*, la constance *(constantia)*, la paix *(pax)*.

Enfin, dans les deux salles du Conseil Municipal et des Mariages, sont suspendus quatre tableaux mythologiques par Alfred de Curzon.

Les armoiries nobiliaires qui ornent

les fenêtres de toutes les salles sont celles des anciens Maires de Poitiers.

En face de l'Hôtel-de-Ville, au-delà de la Place d'Armes et de l'avenue Victor-Hugo, s'élève une autre construction moderne, de style Second Empire : c'est l'Hôtel de la Préfecture.

De cette construction, nous dirons seulement que, vue de la Place d'Armes, elle paraît écrasée et trop basse d'un étage ; puis, qu'il est étrange, dans un pays où la pierre est de si belle qualité, qu'on ait eu recours à la brique ; et, en définitive, qu'on aurait mieux fait de bâtir ailleurs ce palais préfectoral, qui arrête malencontreusement, l'admirable perspective des coteaux de la banlieue.

Vue d'ensemble

Pour clore cette revue de Poitiers ancien et moderne, voulez-vous en avoir une synthèse panoramique ?

Transportez-vous, soit à l'est, sur la hauteur des Dunes, soit à l'ouest, sur le coteau de la Roche.

Sur la hauteur des Dunes, à côté de la caserne d'artillerie, se dresse la statue dorée de Notre-Dame, érigée en

1876. La Vierge porte sur le bras gauche l'Enfant Jésus, et, en signe de protection, elle étend le bras droit sur la ville. Elle est en zinc martelé. L'ensemble du monument a 21 m. 1|2 d'élévation ; le socle, 14 mètres ; la statue 7 m. 1|2.

En regardant la ville, du pied de cet observatoire, vous apercevez les maisons, les toits disparates, les églises, et les divers monuments de Poitiers, qui s'échelonnent en amphithéâtre, dans un entremêlement pittoresque, jusqu'au sommet du plateau, comme une houle de mer agitée.

A droite, les collines de la Cueille et du Porteau, au bas desquelles passe le chemin de fer ; sur un plan inférieur, les deux clochetons de l'église Montierneuf, les vastes bâtiments du quartier d'artillerie ; le dôme de la chapelle des Dames du Sacré-Cœur, aujourd'hui exilées, et le grand collège Saint-Joseph, collège d'enseignement libre, qui fut fondé par la Compagnie de Jésus, et dont la première pierre fut bénite par Mgr Pie, le 15 juin 1857.

Au centre, sur le point culminant, le clocher séculaire de Notre-Dame-la-Grande, qui poignarde le ciel, à côté d'une grande toiture, qui est celle du

Palais-de-Justice; au-dessous, l'immense chevet de la Cathédrale, qui défia les boulets de Coligny, et la vieille église de Sainte-Radegonde ; un peu à gauche de ces deux édifices, les Hospitalières, le baptistère Saint-Jean, la chapelle de Sainte-Croix, le monastère des Filles de Notre-Dame, aujourd'hui transformé en Grand-Séminaire, et, dominant tout cet ensemble, le léger campanile de l'Hôtel-de-Ville, ainsi que les deux flèches et les hautes constructions du Lycée.

Sur la gauche, à l'horizon, les casernes d'infanterie, la belle promenade de Blossac, et ensuite, le clocher des Petites-Sœurs-des-Pauvres, l'établissement des Sourds-Muets, et les nombreuses villas de la route de Bordeaux.

A vos pieds, comme un brillant fer à cheval, se déroule le Clain, traversé par le pont de Rochereuil, le Pont-Joubert, le Pont-Neuf, et le pont Saint-Cyprien.

Si, de l'orient vous passez à l'occident de la ville, le panorama est presque le même, sauf que c'est, au premier plan, dans la vallée de la Boivre, la station et les services du chemin de fer ; puis, sur l'escarpement du coteau, à droite, les noirs cyprès du cimetière de Chilvert, le faubourg de la Tranchée, l'Ecole Normale de jeunes filles, la basilique de Saint-Hilaire et les hôtels particuliers qui sont auprès ; devant vous, à travers un bosquet de grands arbres, la Préfecture, qui apparaît, à l'instar du drapeau tricolore, bleue, blanche et rouge, et, au-dessus des rampes de la voie d'accession, les maisons de la rue Thibaudeau, altières comme les murs d'une citadelle ; enfin, à gauche, la Gendarmerie, ancien couvent des Religieuses de Notre-Dame, usurpé par l'Etat, les trois corps de bâtiment du Grand-Séminaire et de la Faculté de Théologie également usurpés par l'Etat, et, s'abaissant par degrés vers Montierneuf, les immeubles de la partie nord-ouest.

Telle est la vue synoptique de Poitiers.

Il y a une quinzaine d'années, l'habile ingénieur M. Edoux proposa de réunir le plateau urbain au plateau de la Roche, par un haut viaduc, qui aurait passé au-dessus de la vallée profonde de la Gare, et permis à la ville une grande et facile expansion.

De la Place d'Armes, on eût été à deux minutes de la campagne, et, de plus, en communication directe avec les routes de Nantes, d'Angers, de Saumur, Loudun, et Mirebeau.

Il est à jamais regrettable que ce projet, si plein d'avantages et d'agrément, ait été rejeté.

On a parlé de le remettre à l'étude.

Pour nous, qui désirons et qui aimons tout ce qui est de nature à procurer l'embellissement et la richesse de Poitiers, nous adressons à la ville entière et à ses habitants, à l'antique cité de Notre-Dame-des-Clefs, de saint Hilaire et de sainte Radegonde, tous nos meilleurs vœux de prospérité spirituelle et temporelle.

TABLE

Poitiers à l'époque gallo-romaine. . . . 1
Limonum, capitale des Pictons. 3
Dolmen de la Pierre-Levée. 3
Première enceinte fortifiée. 7
Réseau des voies romaines. 9
Colonnes milliaires. 9
Amphithéâtre ou arènes. 12
Hypogée-Martyrium des Dunes. 15
Temple de Mercure. 16
La statue de Minerve. 16
Les thermes poitevins. 19
Ruines de Sanxay. 20
Aqueducs de l'ancien Poitiers. 24
Le Forum. 26
Description d'une maison romaine. . . . 28
Le Capitole. 30
Premier temple chrétien. 31
Monument de Claudia Varenilla. 32
Baptistère Saint-Jean. 33
Le jeune patricien Hilaire. 34
Poitiers à travers les âges. 38

Aspect du Poitiers moderne. 40
Eglise Saint-Hilaire-le-Grand. 42
    Ancien Bourg de Saint-Hilaire, 50. — Le Chapitre de Saint-Hilaire, 51. — Doyenné du Chapitre, 52. — Premier livre imprimé à Poitiers, 53. — L'abbé Lecesve, 54.

Eglise Sainte-Radegonde. 54
Tombeau de la Sainte Reine, 59. — Le Pas
de Dieu, 61. — Parvis de Sainte-Radegonde, 62. — Reliques de la Sainte, 63.

Eglise Saint-Porchaire. 64
La tour, 65. — L'intérieur, 66. — Histoire
d'une léthargique, 68.

Eglise Montierneuf. 70
Consacrée par Urbain II, 71. — Pendant
la Révolution, 73. — Sa restauration, 74.
— Découverte de la sépulture du fondateur, 74. — Ancienne abbaye de Montierneuf, 75.

Notre-Dame-la-Grande. 76
La façade, 77. — L'intérieur, 78. — Chapelle Sainte-Anne, 84. — Tombeau du
cardinal Pie, 85. — Ancienne aumônerie
Notre-Dame, 86.

Cathédrale Saint-Pierre. 87
Ses origines, 88. — Son achèvement, 89.
— L'intérieur, 90. — Les vitraux, 91. —
Les stalles, 92. — Les autels, 93. — Statue
du cardinal Pie, 95. — Le labyrinthe, 96.
— Les modillons, 97. — Les orgues, 97. —
Les portails de la façade, 98. — Le bour-
don et les cloches, 100. — Vue générale,
101. — L'ancien évêché, 102. — Symbo-
lisme de l'orientation, 103.

La Cathédrale et ses Conciles. 104
Concile de 999, 104. — Concile de 1024, 105. — Concile de 1033, 106. — Concile de 1036, 106. — Concile de 1073, 106. — Concile de 1079, 107. — Concile de 1100, 109. — Concile de 1868, 111.

La Cathédrale et ses Evêques. 113
Les cardinaux, 113. — Les saints, 114. — Saint Hilaire, 114. — Saint Fortunat, 115. — Saint Pierre II, 117. — Gilbert de la Porée, 119. — Jean-aux-Belles-Mains, 119. — Gauthier de Bruges, 120. — Simon de Cramaud, 121. — Hugues de Combarel, 122. — Jouvenel des Ursins, 122. — Henri de la Roche-Posay, 125. — Beaupoil de Saint-Aulaire, 126. — Mgr de Bouillé, 127. Cardinal Pie, 128. — Mgr Pelgé, 129.

La Chapelle du Lycée. 130
Fondée par les P. Jésuites, 130. — Le riche autel, 132. — Tableau de la Circoncision, 133. — Flandrine de Nassau, 135. — La Chapelle et la réunion des Ordres du Poitou, 138. — La belle sacristie, 140. — Pavillon de la cour d'honneur, 142. — Le P. Garasse, 143. — Morts à l'ennemi, 143.

Le Palais-de-Justice. 144
Salle des Pas-Perdus, 145. — La Tour Maubergeon, 150. — Fondation du Présidial, 151. — Les Grands-Jours, 152. — La Cour d'appel, 154.

La Maison de Jeanne d'Arc. 156
  L'Hôtel de la Rose, 158. — La commission des Docteurs, 164. — Interrogatoires, 165. — Disparition des procès-verbaux, 167. — — Jeanne acclamée à Poitiers, 169.

L'ancien échevinage. 170
  Le Mois et Cent, 171. — Maurice Claveurier, 173. — René Berthelot, 174. — Pierre Rat, 174. — Joseph Le Bascle, 178. — Jean de la Haye, 181. — Scévole de Sainte-Marthe, 183. — Musées des Antiquaires de l'Ouest, 185.

L'ancienne Université. . . , ... 189
  Bulle papale d'institution, 189. — Privilèges royaux, 190. — Les Facultés et leurs costumes, 191. — Organisation, 195. — Etudiants célèbres, 197. — [Anciennes armoiries, 197.

Les anciens Dominicains. 198
  Leur chapelle et les victimes de la bataille de Poitiers. . . . . , . . . 198

Les anciens Cordeliers. 201
Clément V et Philippe-le-Bel. 203
Clément V et Gauthier de Bruges. 203

En zigzag. 205
Enceinte féodale. 206
Pont-Guillon. 209
Hôpital Général. 209
Monument du miracle de Saint Hilaire. . 211
Saint-Hilaire de la Celle. 212

Logis de la Grande-Barre. 214
Ancienne communauté du Calvaire. . . . 214
Ancienne abbaye Saint-Cyprien. 215
Pont-Joubert. 216
Fontaine du Légat. 216
Faubourg de Montbernage en 1793. . . . 217
La Grand'Rue et ses maisons curieuses. . 218
Hôtel de Beauregard, rue des Flageolles. . 221
Maison du fer de mulet. 222
Place du Pilori. 223
Hôtel Berthelot, rue de la Chaîne. . . . 224
Hôtel Fumée, rue de la Prévôté. 225
Maison Renaissance. 227
Autre maison Renaissance. 228
Musée du Baptistère Saint-Jean. 230
Raison-Partout. 231
Hôtel Jean Beauce. 232
Musée des Augustins. 234
Ancien Grand Séminaire. 236
Bibliothèque publique. 237
Collection de Dom Fonteneau. 238
Vieilles enseignes de pierre. 239
Maison où s'arrêta Napoléon. 242
Monument des Combattants de 1870. . . 243
Monument des Coloniaux. 244

Nouveaux noms de rues. 245
Aliénor d'Aquitaine, 245. — Pierre Blanchet, 245. — Jean Bouchet, 246. — Rabelais, 247. — Paschal Le Coq, 248 — Théophraste Renaudot, 248. — Urbain Grandier 249. — René Descartes, 250. — Thibaudeau 250. — Piorry, 253. — Lecesve, 254. — Boncenne, 255. — Général Demarçay, 255. — Jean-Alexandre, 256. — Riffault, 260. — Sylvain Drault, 261. — Bourbeau, 263. — Arsène Orillard, 264. — Jules Ferry, 265.

— Paul Bert, 265. — Denfert-Rochereau, 265. — Scheurer-Kestner, 266. — Edouard Grimaux, 267. — Victor Hugo, 267. — Gambetta, 267. — Carnot, 267. — Henri Oudin, 267. — Jules Picault, 268. — Quartier Aboville, 269. — Quartier Dalesme, 269. — Caserne Rivaud, 270.

Le Parc de Blossac. 270
Panorama, 271. - Dimensions, 272. — L'intendant M. de Blossac, 273. — Ses œuvres, 276. — Pendant la Révolution, 278. — Aujourd'hui, 279.

L'Hôtel-de-Ville. 280
Pose de la première pierre, 281. — Façade, 282. — Le Musée, 283. — Le grand escalier, 285. — Les hautes salles et leur décoration, 286.

Vue d'ensemble. 288
Poitiers vu des Dunes. 289
Poitiers vu de la Roche 290

POITIERS. — IMP. DU COURRIER

www.ingramcontent.com/pod-product-compliance
Lightning Source LLC
Chambersburg PA
CBHW071412150426
43191CB00008B/894